Pragmática Lingüística y Diccionario

Pragmática Lingüística y Diccionario

JOSEFINA ALBERT GALERA

La presente obra ha sido financiada por la
Subdirección General de Proyectos de Investigación
Científica y Técnica (Proyecto TXT98-1434).

Número de Control de la Biblioteca del Congreso de EE. UU.:   2012915079
ISBN: Tapa Blanda   978-1-4633-2484-1
                         Libro Electrónico   978-1-4633-2485-8

Para pedidos de copias adicionales de este libro, por favor contáctenos en:
Palibrio
1663 Liberty Drive
Suite 200
Bloomington, IN 47403
Llamadas desde España 900.866.949
Llamadas desde los EE.UU. 877.407.5847
Llamadas internacionales +1.812.671.9757
Fax: +1.812.355.1576
ventas@palibrio.com
420376

ÍNDICE

ADVERTENCIA PRELIMINAR.. 7

0   INTRODUCCIÓN.. 9

    1.   La preocupación por el texto 11
        1.1. Antecedentes históricos: la Retórica............................11
        1.2. De la Retórica a la Neorretórica..................................14

    2.   La inquietud filosófica por el lenguaje 16
        2.1. Lenguaje, uso y significado...16
        2.2. Análisis filosófico del «lenguaje corriente» 20

I   PRESUPUESTOS TEÓRICO-METODOLÓGICOS PARA EL
    ANÁLISIS DE LOS DICCIONARIOS HISPÁNICOS.................... 23

    1.   La Lingüística del Texto: una metodología de análisis
        y un precedente.. 25
        1.1 Desarrollo de la Lingüística del Texto..........................25
        1.2. La categoría de Texto: propiedades 37

    2.   De la Lingüística del Texto a la Semiótica y
        Pragmática Lingüísticas... 48
        2.1. Texto, semiótica y filosofía 50
        2.2. Semiótica y Pragmática lingüísticas 62

II PERTINENCIA DE LA PRAGMÁTICA LINGÜÍSTICA EN SU
    APLICACIÓN A LOS DICCIONARIOS MONOLINGÜES 93

    1.   La lengua del Diccionario y el mundo........................ 96
        1.1. El Diccionario y la lengua..96
        1.2. La lengua y el mundo 103

    2.   La lengua del Diccionario y su relación con el Lexicógrafo.......111
        2.1. La presencia del yo y del tú..111
        2.2. La ejemplificación en el DRAE 117

III LA PRAGMÁTICA LINGÜÍSTICA Y EL SIGNIFICANTE LÉXICO EN LOS DICCIONARIOS DE LENGUA ESPAÑOLA (DRAE) 121

　1.　La palabra-entrada como enunciado 123
　　1.1. Palabras «nuevas» para objetos «nuevos»: el neologismo 123
　　1.2. El «envejecimiento» de las palabras 131

　2.　Motivaciones pragmáticas de las palabras 133
　　2.1. Las palabras y la historia 133
　　2.2. Las palabras onomatopéyicas en el DRAE 139

IV LA PRAGMÁTICA LINGÜÍSTICA Y EL SIGNIFICADO LÉXICO EN EL DRAE 145

　1.　El enunciado de la palabra-entrada 146
　　1.1. Las informaciones del primer enunciado 146
　　1.2. Acepciones añadidas y «puesta al día» de las definiciones 148

　2.　Descripción y explicación en la definición de las palabras..... 156
　　2.1. La palabra-entrada como descripción 156
　　2.2. La palabra-entrada como explicación 162

V LA PRAGMÁTICA LINGÜÍSTICA Y LAS MARCAS EN EL DRAE 172

　1.　La ironía y la pragmática lingüística 173

　2.　El sentido figurado y las formas complejas......................... 187

VI CONCLUSIONES 195

　1.　Utilidad del Diccionario 195

　2.　Pragmática Lingüística y Diccionario 197

REFERENCIAS BIBLIOGRÁFICAS 201

ADVERTENCIA PRELIMINAR

1. Las citas textuales de extensión superior a dos líneas aparecen entrecomilladas en un cuerpo de letra menor, fuera del cuerpo del texto y sangradas a la izquierda. El resto aparecen en el interior del texto y también entrecomilladas. Las citas textuales que en el original aparecen entrecomilladas, las transcribimos con comillas americanas (" "), para evitar que comillas entre comillas se confundan entre sí.

2. Las definiciones de los artículos del DRAE aparecen entrecomilladas y sangradas a la izquierda y en el mismo cuerpo de letra que el resto del texto, respetando las mayúsculas de los ejemplos y la cursiva cuando así apareciere.

3. Las formas del DRAE que analizamos las transcribimos en negrita y las palabras-entrada homógrafas a las que el Diccionario les coloca un número de orden superíndice l, con el fin de no confundirlo con las notas, las transcribimos entre paréntesis y en letra normal.

4. Las acepciones que aparecen en el texto seguidas, pero que pertenecen a entradas diferentes, las hemos separado mediante una triple barra oblicua hacia la derecha y en negrita.

5. Tanto las referencias en el interior del texto como en la Bibliografía el año que aparece entre corchetes ([ ]) se refiere a la primera edición de la obra que citamos.

6. Cuando se trata de dos autores, para las citas en el texto los colocamos seguidos y separados mediante una barra a la derecha (por ejemplo, Greimas/Courtés), pero en la Bibliografía los separamos mediante la conjunción *y*.

0

INTRODUCCIÓN

Desde antiguo la filosofía ha sentido la preocupación por la eficacia de la lengua como medio de expresión para determinar si es o no el vehículo adecuado para exponer las conclusiones de la ciencia. Los intentos por establecer normas para fijar los valores lingüísticos se han ido repitiendo a lo largo de la historia del pensamiento filosófico occidental. La ambigüedad del lenguaje se manifiesta cada día y muy especialmente en el deambular diario de todos aquellos que, de una u otra manera, se dedican a investigar sobre cualquier materia, ya que el vehículo de expresión de tal investigación es necesariamente el lenguaje. Prueba de ello es el empleo que constantemente hacemos de signos como, por ejemplo, la *cursiva* o las 'comillas simples' o «dobles» cuando nos referimos a alguna diferencia de aquella palabra o expresión con respecto a la que presentan los diccionarios o que el común de los usuarios entendería. El problema puede agravarse -y de hecho así sucede, sobre todo, para el semantista- cuando la lengua «se vuelve sobre sí» (y yo misma acabo de entrecomillar la expresión anterior), es decir, cuando usamos la lengua para hablar de ella misma o, lo que es lo mismo, el *uso reflexivo* de la lengua, importancia subrayada constantemente por los lógicos. Será a este respecto al que se referirá la literatura filosófica al establecer la distinción entre *uso* y *mención* (Garver, 1965: 230-238; Zabeeh y otros (eds.), 1974: 20-31)), distinción que no debe confundirse con la de *uso* y *significado* en el sentido de que «el significado de una palabra es su uso en la lengua», según discuten los filósofos de la lengua ordinaria, especialmente Wittgenstein (1988 [1953]: 61).

En relación con todo esto que acabamos de esbozar, otra controversia hace su aparición en lo que al lenguaje se refiere. No tiene ninguna dificultad mostrar por qué el significado preocupa no sólo a los lingüistas, sino muy especialmente a los filósofos y a los psicólogos. Me refiero a lo concreto del significado, sobre el que, se podría decir sin temor a equivocarnos, que se han derramado ríos de tinta. A este respecto, podríamos hacernos preguntas tan inocentes como ¿cuál es el significado de esto que tengo aquí delante, es decir, de 'libro' (y ya estamos otra vez con las comillas). ¿Absolutamente a todos los libros existentes se les puede aplicar el mismo término? ¿Acaso todos, los habidos y por haber, comparten propiedades comunes suficientes como para denominarlos de la misma manera? Nos encontramos de pronto en el centro de la controversia filosófica entre *nominalistas*[1] y *realistas*[2], teorías sostenidas en la Antigüedad por los cínicos[3] (discípulos de Sócrates, cuyo filósofo más destacado del mundo griego fue el segundo de los *cínicos*, llamado Diógenes de Sínope[4], apodado precisamente *el Cínico*). En los siglos IV y V antes de Cristo, estos filósofos ejercieron una notable influencia en

---

[1]   El Nominalismo es una doctrina filosófica según la cual la ideas generales (o mejor, las ideas universales) o conceptos no tienen realidad alguna ni en la mente ni en las cosas, sino que su existencia se reduce a nombres o palabras.

[2]   Para el *Realismo* las *Ideas* son las realidades verdaderas de las cosas que los seres individuales y las cosas sensibles participan, como simples reflejos o imágenes de aquéllas. Según estos filósofos el mundo tiene una existencia independiente de la persona que lo percibe.

[3]   Cinismo («gr. *Kynikos*, relativo al perro, *Kyon*, o que lo imita o recuerda») es la doctrina filosófica de Antístenes (444-365 a. C.) que enseñaba en el *Cynosargos* (mausoleo del perro), llamándose a sí mismo «el perro». La filosofía cínica pretendía el regreso a una vida «conforme a la naturaleza». Platón y Aristóteles criticaron duramente a Antístenes por su postura combativa hacia la dialéctica.

[4]   Este famoso filósofo griego, que vivió del 413-323 a. de C., apodado por Platón «el Sócrates delirante», buscaba la sabiduría a través de la renuncia. Cuenta la leyenda que, saliendo de un tonel en el que vivía, se paseó en pleno día con una linterna encendida buscando un hombre».

el estoicismo[5] y en el epicureísmo[6]. La importancia de este aspecto es capital dado que afecta a las relaciones de la lengua con el mundo. Si la lengua no es capaz de objetivar de alguna manera, no sólo lo que está dentro de nosotros, las ideas, los pensamientos, las deducciones, etc., sino lo que nos rodea, estamos condenados a la oscuridad y a la soledad más absoluta, con el agravante de que hemos transformado la conciencia, esa propiedad del espíritu humano de reconocerse en sus atributos esenciales, como algo contradictorio. Es decir, hemos desembocado en la alienación colectiva, y lo más grave es que ni siquiera somos conscientes de ello.

1. La preocupación por el texto

1.1. Antecedentes históricos: la Retórica

La preocupación por el texto es tan antigua como la preocupación por el lenguaje. Aunque de una manera explícita no tiene más de 20 o 25 años, implícitamente tiene más de 2000 años de vida. En la tradición del mundo clásico nos encontramos con el nacimiento de una disciplina específica como primer testimonio de una reflexión sobre el lenguaje. Nos estamos refiriendo a la Retórica[7], un metalenguaje que reinó en

---

[5] El estoicismo (derivado del gr. *stoa* 'pórtico') o filósofos del pórtico (en un pórtico enseñaba el fundador) es una escuela filosófica fundada por Zenón (siglo III a. de J.C.), que nace de la fusión de dogmas orientales y formas griegas. Los estoicos definían la sabiduría como ciencia de las cosas divinas y humanas, y la filosofía como estudio del arte que conviene a la única y suprema virtud, que abarca las tres virtudes más generales (la física, la ética y la lógica).

[6] Es la doctrina de Epicuro (341-270 a. de J.C.) que promulga el *placer* como el bien, pero el sabio debe contentarse con los placeres necesarios y naturales (comida y bebida), que no engendran dolor para alcanzar la felicidad, que es lo que constituye la vida tranquila. En la *física*, lo correcto es la explicación de las cosas en términos naturales, como el atomismo de Demócrito, que nos libera de la superstición y del miedo al destino.

[7] La primera noción de la Retórica surge en el siglo V antes de nuestra era en Sicilia. Cuenta una leyenda que Hierón de Siracusa había extremado su

Occidente desde el siglo V a. C. hasta el XIX de nuestra era. Durante más de nueve siglos, la retórica configuró de muy variadas maneras la vida espiritual de griegos y romanos. Su patrimonio natural era el goce de la palabra artísticamente hablada. La palabra estaba en el centro, y en torno a ella giraba todo el sistema retórico. De ahí que la Oratoria, entendida como el arte de hablar o elocuencia, constituía su máxima expresión. Recuérdese que para Quintiliano (siglo I d. de C.) el hombre ideal era el orador, pues únicamente a él se le ha conferido el don de la palabra. Ya en tiempos de Homero (entre los siglos XI y IX a. de C.) el don oratorio se consideraba una cualidad preeminente, regalo de los dioses. En *La Odisea* (Libro VIII: vv. 167-173). se dice que:

> No otorgan los dioses por igual sus graciosos presentes a un solo hombre: la hermosura, la elocuencia, el ingenio; pues sucede que alguno a quien no han concedido belleza ha recibido en cambio un hermoso don de palabra; seducidos por él quedan todos, y su habla segura y discreta modestia lo hacen notable en las plazas, y como dios lo admira el pueblo cuando va por las calles.

La Retórica era una *técnica*, es decir, un *arte* en el sentido clásico del término, que consistía en un conjunto de reglas y de recetas que permitían la construcción de una clase de discursos con una finalidad muy concreta: influir en el ánimo del destinatario del mensaje y hacerlo de una manera eficaz. Es decir, se trataba del *arte de la persuasión,* una

---

crueldad contra sus súbditos hasta el extremo de prohibirles el uso de la palabra. Dos ilustres sicilianos, Córax y Tisias, crearon como reacción en contra la Retórica. El primero dejó consignados sus principios de retórica en un tratado muy valorado en la antigüedad del que no nos ha llegado nada, aunque hay quien afirma que el tratado inserto en las obras de Aristóteles con el título de *Retórica Alejandrina* es quizá la obra de Córax. A Tisias se le atribuyen las primeras reglas acerca de la elocuencia. Para el estudio de la Retórica clásica véase en la bibliografía a Lausberg, Heinrich (1966-67-68 [1960]); Barthes, Roland (1974 [1970]); y Albaladejo Mayordomo, T. (1989), entre otros. Para una forma más reciente de la Retórica, véase Dubois, J. (1970).

forma de comunicación que trataba de provocar el «hacer del otro»[8]. Pero además era una ciencia, un campo de observación autónomo para estudiar los efectos del lenguaje y clasificar esos fenómenos referenciales y comunicativos. Tanto la Retórica como la Poética clásicas se ocupaban de las estructuras especiales y de las funciones estéticas o persuasivas de los textos literarios o los discursos, lo que hacía indispensable el conocimiento de las propiedades del lenguaje.

En primer lugar atendía a la descripción del *arte de hablar*. Pronto surgieron formas alternativas de uso de la lengua y comunicación, donde, sin embargo, el carácter normativo siempre cumplía un papel fundamental. Se trataba de hablar «bien» o «eficazmente» (*ars bene dicendi*), en oposición al hablar «correcto» como objeto de la gramática (*ars recte dicendi*). Este carácter pragmático de la retórica (convencer al interlocutor de que una cosa es justa) sólo se vuelve a encontrar en las últimas evoluciones de la lingüística y la estilística.

El texto como instrumento de comunicación fue uno de los componentes esenciales de la Retórica, ya que, como decíamos, ésta disciplina pretendía persuadir por medio del lenguaje. La importancia de la construcción del texto, que debía adecuarse a la función a la que iba destinado, hizo que la gramática jugara un papel fundamental en el sistema retórico clásico. La gramática, encargada de la organización textual y de la correcta utilización de la lengua desde el punto de vista normativo, se ocupaba de convertir el *texto gramatical* en *texto retórico* que, junto con el establecimiento de las relaciones entre éste y los intervinientes en la comunicación, formaban una construcción que se mostraba eficaz para el intercambio comunicativo mediante la lengua.

Este instrumental o arte de bien decir, construido para dar al lenguaje la eficacia suficiente para deleitar, persuadir o conmover, se insertó rápidamente en las instituciones de enseñanza, formando parte de lo

---

[8]   La *persuāsĭo* tiene lugar por la predicción de un alto grado de credibilidad suscitado en el otro. El orador intenta inducir a su auditorio a adoptar su propia opinión, modificando «las disposiciones de la persona influenciada respecto de una situación presente o de acontecimientos futuros en los que pueda participar [...]», modificación «que puede tomar dos formas principales: la *intelectual* (operar sobre el conocimiento que tiene el paciente) y la *afectiva* (actúa sobre los móviles que pueden inducir o desear a temer la realidad)», según Bremond (1974 [1970]: 93-94).

que hoy denominaríamos el Segundo Ciclo Secundario y la Enseñanza Superior. Esa *práctica social* permitía asegurarse la *propiedad de la palabra*, especialmente útil a las clases dirigentes, con toda una serie de prescripciones morales, cuyo rol consistía en vigilar los desvíos del lenguaje pasional, convirtiéndose la Retórica en una auténtica *moral* al servicio del poder.

1.2. De la Retórica a la Neorretórica

La Retórica se instala en el sistema de enseñanza en la Edad Media como la segunda de las siete artes liberales, sufriendo posteriormente los cambios pertinentes del deambular de los siglos, sobre todo a partir del siglo XI, momento en que se convierte en *ars dictaminis* o *dictandi*, es decir, en un arte epistolar (Curtius (1976 [1948], tomo I). Su reconocimiento como ciencia imprescindible supera bien el siglo XVII, sobre todo en la cultura francesa; traspasados los umbrales del XVIII ya no hay lugar en nuestro mundo cultural para la Retórica. Sin embargo, a partir de los años sesenta de nuestro siglo, y motivado por la aspiración a una ciencia textual, se vuelven los ojos al pasado retórico. Así, en el curso 1964-65 Roland Barthes dictó un Seminario en la *École des Hautes Études* en París donde afirmaba su convicción de que

> «[…] muchos rasgos de nuestra literatura, de nuestra enseñanza, de nuestras instituciones de lenguaje se verían aclarados o comprendidos de otro modo si se conociera a fondo el código retórico que dio su lenguaje a nuestra cultura» (Barthes, (1974 [1970]: 79).

En efecto, en cualquier discurso que se precie podemos descubrir elementos propios de la antigua retórica, de ahí que en las dos últimas décadas se hayan levantado voces reclamando la necesidad de una nueva Retórica General[9] como lugar de encuentro de diversas materias de

---

[9]   Véase a este respecto la obra de José Mª Pozuelo Yvancos (1988), especialmente su parte tercera, donde el autor traza una panorámica de la diversidad y amplitud de la Retórica, así como de su recuperación y desarrollo, hasta desembocar en la neorretórica, un término que nace con

estudio. Razones múltiples propician el nacimiento de esta disciplina y sus relaciones con la Lingüística del Texto, que vienen motivadas por la aspiración a una ciencia textual de índole universal, cuyos procedimientos no dependen de un idioma, sino que son los mismos para cualquier producto generado por las lenguas naturales (López García, 1985).

La recuperación de la Retórica como un medio y una metodología para el estudio del texto arranca de la unión existente entre ella y el texto en la tradición filológica. Son varios los componentes que pueden retomarse de la Retórica; así, por ejemplo, los elementos macro-estructurales sobre los que se construye un discurso forman parte de la *Inventio*, que los clásicos la entendían como la búsqueda de la **res** (de los materiales, de los contenidos, que debe ser expuesta en **Verba**) por medio de la *Elocutio* (búsqueda de las palabras y expresiones). Por otra parte, una teoría del encadenamiento de las porciones más amplias del discurso nos conduce a la *Dispositio*, que es la que presenta (y ha presentado ya) las perspectivas más prometedoras.

En general, lo que caracteriza el interés de la retórica por el lenguaje es el hecho de ocuparse de las unidades superiores a la frase, en oposición, por ejemplo, a la gramática y a la sintaxis tradicionales, que no la superan en ningún caso[10].

Es claro que la tradición filológica ha mostrado la unión entre Retórica y filología, como muy bien han puesto de relieve los más importantes cultivadores de esta disciplina, tanto extranjeros como españoles. Es el caso de Van Dijk (1983 [1978]: 109-140), entre otros, que ha puesto

---

Perelman en 1958 y del cual lo recoge el propio Pozuelo. Tres son para este autor las neorretóricas, de las que únicamente la tercera merece el nombre de *Retórica General Textual*, que contiene ella misma un *modelo general de producción del discurso*, como señala el mismo Pozuelo Yvancos.

[10] Ángel López García ha realizado un análisis teórico de la fundamentación lingüística de la Retórica relacionando, por un lado, la semántica con la *Inventio*, cuya tarea consistía en una serie de procedimientos de *búsqueda*, susceptibles de propiciar los contenidos que cada discurso exige. Por otro, la imposibilidad de separar la sintaxis de la semántica se refleja también en el tratamiento conjunto que la Retórica tradicional hacía de la *Dispositio* y de la *Inventio*. De la misma manera, la *Elocutio* se corresponde con el componente morfológico (López García,1985: 601-654).

de manifiesto la estructura retórica del texto; éste se ocupa no sólo de estructuras específicas en el ámbito de las oraciones, sino también de la *estructura global,* aportando reglas y categorías para la clasificación de determinados tipos de texto. Tiene que ver la Retórica con las *intenciones* comunicativas del hablante, es decir, en la modificación que pretende en la conducta y disposición del oyente. En este sentido la denominada Neorretórica tiene un carácter como *arte* o *técnica.*

2. La inquietud filosófica por el lenguaje

2.1. Lenguaje, uso y significado

Los diferentes enfoques y puntos de partida en el estudio del lenguaje suponen una posición filosófica determinada, ya que hay que situarlas dentro del conjunto de realidades de las que se ocupa la filosofía.

Una teoría del lenguaje tiene que cumplir con tareas tan urgentes como enseñar cómo debemos hablar y obrar en nuestro mundo social y político presente. Ya hemos aludido a la importancia que el lenguaje representaba en el mundo griego del siglo V, donde funcionó como un instrumento para propósitos definidos, concretos, prácticos: era el arma más poderosa en las grandes pugnas políticas; y para ello había que emplearla de manera adecuada. Fueron los sofistas -así se llamaba en la Grecia antigua a todo el que se dedicaba a la filosofía- los que tenían en sus manos el lenguaje; ellos son quienes crearon esa rama del conocimiento, la *Retórica.* Era importante que el lenguaje, su valor, su significado, se utilizara para inducir a los hombres a realizar ciertas acciones. A partir de ahí, los estudios del lenguaje han estado estrechamente ligados en la Europa Occidental a los estudios filosóficos: ha sido y es el vehículo del discurso y de las deducciones lógicas. Sea cual fuere el enfoque que un filósofo hace de la naturaleza y el alcance de la filosofía, su explicación y elaboración depende del lenguaje. Y el significado y la ambigüedad del lenguaje han sido objeto de largas y profundas discusiones que han conducido a determinados movimientos y escuelas filosóficas de índole y orientaciones diversas.

Ernst Cassirer (1975³ [1944]: 166) para el que el nacimiento del mito es consecuencia lógica de la ambigüedad del lenguaje, llega a decir que «el lenguaje es, por naturaleza y esencia, metafórico; incapaz de descubrir las cosas directamente, apela a modos indirectos de descripción, a términos ambiguos y equívocos».

Pero, vayamos por partes. Es obvio que el uso poético de la lengua ha ido introduciendo en ella valores ajenos a la lógica, lo que ha propiciado el desdibujamiento progresivo de los límites significativos de las palabras al cargarse éstas de connotaciones, tornándose prácticamente inservibles para la transmisión precisa de la ciencia y, sobre todo, su incapacidad como vehículo para la filosofía. De ahí que a lo largo de la historia del pensamiento lingüístico hayan surgido diferentes escuelas que han tratado, de uno u otro modo, de dar salida a problema tan complejo.

Eso es lo que ha llevado a filósofos como Alfred N. Whitehead y el premio Nobel de Literatura de 1950, Bertrand Russell (1872-1970), a plantearse la necesidad de prescindir del lenguaje natural y crear uno artificial, que les conduce a que en 1910 publiquen sus *Principia Mathematica* (1910 y 1913), libro en el que plantean la necesidad de dotar a la filosofía de un método riguroso que se asemeje a la ciencia. El tipo de análisis que desarrollan se apoya en el lenguaje artificial de la lógica matemática natural, cuyos signos, carentes de significado en sí mismos, les permitiría operar sin la interferencia de valores semánticos[11].

Bertrand Russell había descubierto una serie de contradicciones en los *Principios de Aritmética* (*Grundsätze Arithmetik*) de Gottlob Frege[12]

---

[11] Entiéndase que cuando hablamos de «lenguaje artificial» no nos estamos refiriendo a algo irreal, sino que de lo que se trata es del mismo lenguaje natural, pero desprovisto de sus ambigüedades e imprecisiones. Es decir, que una vez depurado el lenguaje natural, su esquema sintáctico queda reducido a un conjunto de relaciones con valor universal, coincidiendo así su sintaxis con la *sintaxis lógica*. (Véase a este respecto Bertrand Russell (1992 [1948]), especialmente los capítulos «El lenguaje» y «Los conceptos científicos».

[12] Las palabras de Frege, después de leer la carta que le envió Russell en la que le descubría algunas contradicciones de su sistema matemático, le hizo exclamar lo siguiente: «Difícilmente puede ocurrirle nada más desdichado a un autor científico que ver sacudida una de las bases de su edificio después de terminado el trabajo»[...]. «Lo que está en tela de juicio no es precisamente mi modo particular de fundamentar la aritmética, sino

antes de que éste terminara de publicar la obra completa. Las famosas paradojas relacionadas con la teoría de los conjuntos y con el uso ilimitado de las palabras *every* («cada») y *all* («todos») y antes las que tenían que ver con *propiedades* y *atributos* de los conjuntos en matemáticas, constituyeron el fundamento de su obra. Russell parte de un «a priori», cuya exigencia más general, y llamativa por las implicaciones inmediatas que supone, es la de que todo lenguaje debe ser *verificativo funcional*.

¿Qué quiere decir con esto? La respuesta viene de que las denominadas «proposiciones atómicas» son las únicas posibles, dado que sólo ellas tienen capacidad para expresar lo constatativo, lo verificable, aunque ello suponga que la ciencia, o mejor la expresión lingüística de la ciencia, quede reducida a su dimensión descriptiva o fáctica[13]. De lo anterior se deduce que los universales, las negaciones, los juicios, las creencias, las hipótesis, etc. carecen de lenguaje para su expresión. Si no se pueden expresar, sencillamente no existen, ya que todo lo que no es comprobable empíricamente no puede ser conocido.

El continuador más inmediato de Russell es Ludwig Wittgenstein (1899-1954) con su *Tractatus logico-philosophicus*[14], obra en la que

---

si puede de veras dársele una base lógico» (Frege, 1952: 234 [citado por Schaff, 1973 [1962]: 35,36]).

[13]   Recuérdese que Bertrand Russell habla de dos tipos de proposiciones atómicas. El primero lo constituye aquellas proposiciones que atribuyen propiedades; por ejemplo: *esto es blanco*. Las segundas son las que expresan relaciones, como es el caso de la frase siguiente: *este lápiz se apoya sobre el papel*.

[14]   En el PRÓLOGO el autor del *Tractatus* dice que el «libro quiere trazar unos límites [...] a la expresión de los pensamientos» [...] límite que «sólo puede ser trazado en el lenguaje y todo cuanto quede al otro lado del límite será simplemente un sinsentido» (1973 [1919]: 31). Recuérdese que el *Tractatus* desarrolla seis cuestiones: 1. El mundo es todo lo que acaece. 2. Lo que acaece, el hecho, es la existencia de los hechos atómicos. 3. La figura lógica de los hechos es el pensamiento. 4. El pensamiento es la proposición con significado. 5. La proposición es una función de verdad de la proposición elemental. 6. La forma general de una función de verdades. Ésta es la forma general de la proposición.

La edición original del *Tractatus* en alemán apareció en 1919 y tres años después, 1922, la versión en inglés, que es la que lleva la introducción lleva a un nivel práctico las teorías del libro de Bertrand Russell, cuyo planteamiento inicial es el siguiente: si el lenguaje es el instrumento para expresar la realidad, a través del análisis de la lengua se puede llegar a una visión del mundo.

El *Tractatus* sostiene la tesis básica del «positivismo lógico» con respecto al lenguaje; según la cual muchas confusiones en el pensamiento filosófico se originan en el uso indebido de las palabras. Un lenguaje bien construido debe reflejar de un modo directo la estructura de la realidad. Y ello sólo puede conseguirse utilizando *proposiciones elementales*, únicas que permiten verificar la verdad de las cosas. Así, el lenguaje no sólo señala los límites del mundo individual, sino también los de la ciencia y la filosofía. Esta es la etapa de un tipo particularmente fuerte del empirismo, aparecido bajo el nombre del *atomismo lógico*, que en la práctica dejó sentir pronto su insuficiencia.

Muchos años después del *Tractatus* aparece *Philosofical investigations* (1953) en donde Wittgenstein expone unas ideas filosóficas sobre el lenguaje casi opuestas a las del *Tractatus*. Esta fase de su pensamiento, conocida como el «segundo Wittgenstein», supone una gran revolución en el análisis lingüístico-filosófico y va a contribuir decisivamente a superar las deficiencias del *atomismo lógico*. En esta etapa, el autor de *Investigaciones Filosóficas* renuncia a la distinción simplista de las funciones descriptivas y emotivas de la lengua, subrayando, en cambio, la diversidad funcional de los enunciados lingüísticos. Descubre la gran variedad y riqueza del lenguaje natural, lo que le lleva a afirmar que no hay razón para limitar la lengua a un solo aspecto. En este marco general es precisamente en el que Wittgenstein enuncia su famoso y controvertido principio de que el significado de una palabra se revela por el uso que se hace de ella[15]:

---

de Bertrand Russell. Ésta está considerada como la verdadera primera edición. La versión que utilizamos es la bilingüe, alemán-español, de Enrique Tierno Galvan (1973) en Alianza Editorial. La primera versión en español es de 1957 (Revista de Occidente).

[15] Wittgenstein usa diferentes analogías para transmitir lo que quiere decir cuando se refiere al *uso*. Para ello compara el lenguaje con una caja de herramientas. Las funciones de las palabras son tan diferentes -señala- como lo son las funciones de las herramientas de la caja. También como Saussure acude al juego del ajedrez: el significado de una pieza es su papel

> «Para una *gran* clase de casos de utilización de la palabra
> «significado» -aunque no para *todos* los casos de su utilización-
> puede explicarse esta palabra así: El significado de una palabra
> es su uso en el lenguaje» (1988 [1953]: 61),

lo que supone colocar al individuo parlante en el centro de la actividad comunicativa, inscribiendo el lenguaje en el conjunto de actividades del comportamiento humano. En este contexto, descubrir cómo es el mundo (o cómo podría ser) y cómo se comporta el individuo en cada contexto social no es más que uno de los infinitamente numerosos juegos lingüísticos que practicamos como miembros de una determinada sociedad[16]. Wittgenstein en su primera etapa veía la lengua como un instrumento, como un medio al servicio de la ciencia y de la filosofía, mientras que ahora la lengua es valiosa en sí misma y, consiguientemente, puede ser objeto de estudio.

2.2. Análisis filosófico del «lenguaje corriente»

Una serie de filósofos del lenguaje, deudores del denominado «segundo Wittgenstein», sostienen posiciones filosóficas comunes que tienen como objeto el prestar atención especial a los problemas de la lengua desde una perspectiva filosófica. En Cambridge se gestó y de allí partió la nueva filosofía del «lenguaje corriente» o, como también se la ha denominado la «filosofía lingüística», instalándose más tarde en la Universidad de Oxford, que se convertirá en el centro de las preocupaciones y actividades lingüísticas filosóficas.

En contra de los que consideran el lenguaje como un instrumento del pensamiento, especialmente del pensamiento científico o filosófico, estos filósofos han tratado de analizarlo como valor en sí mismo, en sus usos prácticos y corrientes. Afirman que la función de la filosofía es descubrir cómo funciona efectiva y realmente la lengua.

---

en el juego. Todas estas comparaciones ponen de relieve una notable afinidad entre su pensamiento y la teoría lingüística contemporánea.

[16]   Es evidente la cercanía del pensamiento de Wittgenstein con la doctrina de los *actos* lingüísticos de Austin, de los que con posterioridad de apropiará la Pragmática Lingüística.

Entre los autores más destacados del grupo se encuentra el filósofo británico, perteneciente a la Escuela de Oxford, Gilbert Ryle (1900-1976), que coincide con Wittgenstein en centrar su interés precisamente en el uso del lenguaje corriente. Para inferir a través del uso los valores del lenguaje, Ryle pone el siguiente ejemplo: la palabra *voluntario* sugiere acciones que deben o no deben hacerse, mientras que en su opuesta, *involuntario*, se trata de la voluntad, de la libertad, etc. Ryle estudia de manera sistemática la lógica del lenguaje mental, es decir, el lenguaje sobre el pensamiento, la emoción, el sentimiento, la voluntad, etc., con la finalidad de descubrir falacias e incoherencias en el uso diario de la lengua. Este tipo de análisis, según Ryle, nos permitirá llegar a una *ejecución adecuada* (*performance*) o, lo que es lo mismo, a crear un enunciado que describen la acción comunicativa del hablante[17].

Las funciones del lenguaje de Bühler, que había analizado el propio autor desde una perspectiva preferentemente lingüística, son interpretados por los filósofos analíticos de Oxford desde un punto de vista pragmático, es decir, el uso en un determinado sistema. Los usos son reflejo de una manera de entender los fenómenos y a la vez son índice de la posición del sujeto respecto a los enunciados que profiere.

Un paso más en el análisis del lenguaje, y en un intento de hacerlo apto para que sirva de vehículo eficaz para la ciencia y la filosofía, va a venir de otro grupo de filósofos pertenecientes casi todos ellos al Círculo de Viena[18].

Los temas más importantes sobre la filosofía del lenguaje que más les interesa es el del signo lingüístico dentro del sistema a que pertenece, en

---

[17]   Una gran influencia en la filosofía del lenguaje corriente ha ejercido John L. Austin con su obra *Palabras y acciones* (1971[1962]), según tendremos ocasión de verificar en el capítulo de Pragmática Lingüística.

[18]   El denominado *Círculo de Viena*, empezó a formarse en 1923 en torno a Moritz Schlick (1882-1936). Estos filósofos, ya en 1929 editan un manifiesto titulado *La concepción científica del mundo* en el que exponen las metas de sus investigaciones. En el año 1934 se celebra en Praga el primer Congreso, al que acuden también representantes de las escuelas lógicas de Berlín y Varsovia. La serie de congresos sucesivos los mantendrá unidos en el interés por los mismos problemas, y, simultáneamente, se asegurarán el espíritu de escuela en el método y en las soluciones.

razón de la función que desempeña el lenguaje para la expresión, con la finalidad de dar forma a las conclusiones de la investigación.

Uno de los autores de este Círculo que adquiere mayor relieve es Rudolf Carnap (1891-1970)[19], que se centrará en los problemas que plantea el análisis de la lengua en el nivel de relaciones de los términos entre sí, es decir, en las *relaciones sintácticas*. Carnap propone el establecimiento de una serie de reglas que garanticen las relaciones de verdad entre las proposiciones elementales y permitan así el uso científico de los *enunciados protocolarios*, construcciones más complejas que los simples *enunciados atómicos*, a los que aludíamos más arriba. Con este procedimiento se supera la etapa anterior, consiguiendo un gran avance, ya que hasta este momento, las únicas proposiciones que admitían como válidas para la expresión científica eran las *proposiciones elementales*.

La sintaxis representa ahora un gran avance porque permite construcciones con los signos, de forma que se independizan de la experiencia inmediata, dando lugar a la deducción lógica, y con ello queda abierta la puerta a las construcciones teóricas.

Esta etapa en el camino científico sobre el lenguaje señala el florecimiento de los estudios de *sintaxis lógica* o *semiótica*, entendida como el análisis y fijación de normas que rigen las relaciones de los signos lingüísticos entre sí con garantía de verdad.

El triunfo del nacismo dispersó el grupo de Viena, cuyos miembros emigran a Oxford, recalando muchos de ellos también en diferentes universidades de América del Norte. No obstante la diáspora, todos ellos mantienen el espíritu de escuela y en 1938 se inicia la edición de la *International Encyclopedie of Unified Science*, y de la revista *Philosophy of Science*, que reemplaza a *Erkenntniss*, publicación periódica que con anterioridad había dado a conocer los trabajos de los principales autores del grupo.

---

[19]   Rudolf Carnap fue un filósofo y lógico norteamericano de origen alemán. Fue uno de los fundadores de la Escuela Neopositivissta denominada «Círculo de Viena».

I

PRESUPUESTOS TEÓRICO-METODOLÓGICOS PARA EL ANÁLISIS DE LOS DICCIONARIOS HISPÁNICOS

La Lingüística del Texto se constituye a partir de los últimos años de la década de los sesenta, adquiriendo rápidamente una gran expansión. Esta nueva metodología trata de analizar una serie de regularidades que trascienden los límites de la oración y surge como un claro intento de dar respuesta al problema de la estructura de la comunicación verbal y de su relevancia como disciplina en un contexto social. Cristaliza además como una tendencia interdisciplinaria en conexión con la tradición de las ciencias del discurso, actuando con la convicción de base de que los textos son la forma específica de existencia del lenguaje.

¿Cuáles son las causas que provocan la aparición de esta nueva modalidad de análisis de la lengua?.

Las reflexiones siguientes podrán ponernos en la pista verdadera, y quizás dar respuesta satisfactoria a la anterior pregunta.

Generalmente la aparición de una ciencia nueva se debe a necesidades también nuevas y se desarrolla como especialización de otras ya existentes. Así, por ejemplo, el estudio de la lengua como sistema, que se da a partir de Ferdinand de Saussure, se produjo a causa de la insuficiencia del método histórico predominante durante el siglo XIX. Y eso es precisamente lo que ha sucedido con la Lingüística del Texto. Por una parte, durante mucho tiempo se han estudiado los componentes de la lengua, como la sintaxis, la semántica, la fonética, etc., pero sin atender al significado de la comunicación. Por otra, tradicionalmente los estudios sobre lingüística han limitado la investigación al marco de trabajo de la oración, entendida ésta como la unidad más amplia en el análisis lingüístico desde cualquier punto de vista. Las diversas metodologías de análisis lingüístico, entre las que se encuentra el *generativismo sintáctico y semántico*, cuyo presupuesto básico era precisamente la oración como unidad máxima de análisis, debían ser superados si se pretendía, en efecto, solucionar el problema de la comunicación. De la afirmación anterior no se infiere necesariamente la inexistencia de estudios que contemplan unidades básicas superiores a la oración. Sólo que en este caso, cualquier estructura que la rebasara, automáticamente se consideraba objeto de estudio de la estilística. Bien es verdad que parece mucho más sencillo establecer la aceptabilidad y gramaticalidad de una oración, en el caso de la teoría chomskiana, por ejemplo, que explicitar dónde estriban esas dos propiedades en un texto o secuencia de oraciones. Es claro que traspasados los límites de la oración hay una mayor libertad de elección y un menor grado de conformidad con respecto a las reglas establecidas. Sin embargo, en un intento de describir los procesos y los resultados de la producción textual del modo más objetivo de uno o varios autores y, consiguientemente, establecer y asignar valores específicos a los textos, y aunque pueda resultar paradójico con lo anterior, los especialistas han aplicado métodos de investigación lingüística, viéndose obligados a trascender los límites de la oración, superando así lo que la tradición estructuralista había fijado[20].

Por otra parte, numerosas disciplinas han pedido prestados algunos de sus métodos a la lingüística, como es el caso, por ejemplo, de la antropología, centrada en el estudio de culturas poco conocidas, que se ha valido de la Tagmémica de Pike para solucionar los múltiples problemas que el objeto de estudio planteaba a los investigadores[21].

La relación de la antropología y la lingüística no sólo ha generado información y documentación sobre muchas lenguas y culturas diferentes,

---

[20]   Véase, por ejemplo, el libro de Samuel Levin (1974 [1962]) que en su versión española trae una presentación realizada por Fernando Lázaro Carreter, donde el académico explica y justifica la necesidad de superar los límites de la oración, como hace Levin, para el estudio de la literatura y muy particularmente para la poesía.

[21]   Kenneth Pike (1967), cuya teoría se opone al Distribucionalismo, habla de dos actitudes cuando trata de describir un suceso humano: la actitud *ética*, que les caracteriza sólo con ayuda de criterios espacio-temporales, y la perspectiva *émica*, consistente en interpretar los sucesos según su función en el mundo cultural particular del que forman parte. (Véase nota 40).

algunas de ellas desaparecidas, sino que ha propiciado y enriquecido la misma ciencia del texto, como ha puesto de relieve Teun A. Van Dijk (1983 [1978]). Otras disciplinas han coadyuvado también a este mismo desarrollo al interesarse por aspectos comunicativos antes olvidados, como es el análisis de la conversación en el caso de la sociología, activando ciertos fenómenos muy significativos concernientes a las normas que tienen que ver con la textualidad, un concepto que desarrollamos en *infra* I.1.2.[22].

1. La Lingüística del Texto: una metodología de análisis y un precedente

1.1 Desarrollo de la Lingüística del Texto

La lingüística posterior a Saussure se había dirigido hacia la descripción del sistema lingüístico, en el terreno de la abstracción, sin atender a problemas de aplicación del sistema en procesos concretos de comunicación. Los diferentes estructuralismos, aunque algunos de ellos mostraban preocupación por aspectos que tenían que ver, en cierta manera, con la comunicación, se habían ocupado únicamente del aspecto teórico de la lengua, prescindiendo de cualesquiera otros fenómenos ajenos a ella.

Desde los años cuarenta se habían levantado voces denunciando la incapacidad de la lingüística y de la lógica para la descripción de las lenguas sin un componente textual. Resulta curioso leer lo que Carnap en su obra *Meaning and Necessity* dice:

> «There is an urgent need for a system of theoretical pragmatics,
> not only for psychology and linguistics, but also for analytic

---

[22] El uso del lenguaje en la investigación literaria cuenta con una rica tradición, aunque no utilizado de una manera sistemática. Será precisamente a raíz de la propagación de la gramática generativo-transformacional de Chomsky y otros lo que sirvió de acicate que condujo a la creación de una ciencia literaria lingüística, basada obviamente en el texto. Véase a este respecto Teun Adrianus van Dijk especialmente (1972 y 1983 [1978]).

philosophy. Since pure semantics is sufficiently developed, the time seems ripe for attempts at constructing tentative outlines of pragmatical systems» (1988 [1947]: 250)[23].

Con el argumento metodológico, basado en la presuposición intuitivamente justificable de que los discursos podían ser considerados como «el dominio natural» de una gramática, mejor que las oraciones, representantes de diferentes disciplinas (lógicos, lingüistas, sociólogos, etc.) abogarán en este mismo sentido y tratarán de elaborar una hipótesis acerca del texto como unidad lingüística.

Estas preocupaciones por el texto se reflejan a principios de siglo en los formalistas rusos[24], que se ocuparán de los textos como conjunto de materiales lingüísticos coherentes, centrándose en las estructuras narrativas, estilísticas, rítmicas y sonoras, sin excluir la evolución literaria y la relación entre literatura y sociedad. Poco después, los estructuralistas de la Escuela de Praga (1928)[25] se manifestarán en el mismo sentido.

---

[23] «Hay una necesidad urgente de un sistema de pragmática teórica, no solamente para la psicología y la lingüística, sino también para la filosofía analítica. Ahora que la semántica pura está suficientemente desarrollada, el tiempo parece maduro para intentar bosquejos de sistemas pragmáticos».

[24] A este respecto, véase en la bibliografía, Erlich, Víctor (1974 [1955]). También García Berrio, Antonio (1973), especialmente la parte introductoria donde el autor traza una breve historia de este grupo de investigadores jóvenes, resultado de la conjunción de dos escuelas lingüísticas y crítico- literarias: el denominado «Círculo Lingüístico de Moscú», fundado en San Petersburgo en 1915, y la «Sociedad para el estudio del lenguaje poético», conocida bajo las siglas de OPAIAZ. Tzvetan Todorov traza a su vez una breve exposición sistemática del nombre y de la doctrina formalista en el volumen colectivo *Teoría de la literatura de los formalistas rusos* (1970 [1965]).

[25] El Círculo Lingüístico de Praga estaba impulsado por filólogos eslavos huidos de la URSS a raíz de la revolución bolchevique. Entre los más significativos hay que nombrar a Karcevsky, Roman Jakobson y Nicolai Trubetzkoy, el más destacado y el auténtico fundador del Círculo (1926), con una biografía precoz como estudioso e investigador. Estos tres autores sentaron las bases de la teoría fonológica, que presentaron y ampliaron en el Primer Congreso Internacional de Lingüística (La Haya, 1928). Se conocieron allí como *Escuela de Praga*, y sus trabajos como *Fonología*

Aunque a esta Escuela se le conoce fundamentalmente por sus estudios de fonología (Escuela Fonológica de Praga), sin embargo, no hay que olvidar que la tercera de las tesis del *Círculo* examina diversas funciones lingüísticas o usos de la lengua en cuanto que modifican la estructura fónica y gramatical del enunciado. Distinguen el elemento intelectual del afectivo y, desde un punto de vista social, la función de comunicación de la función poética. Tratan del lenguaje «de situación», que tiene en cuenta los elementos extralingüísticos. Muchos de los trabajos del grupo, sobre todo los artículos dedicados a cuestiones de lengua literaria, siguieron los métodos propios del Formalismo Ruso. También por su parte Hjelmslev, el fundador del Círculo Lingüístico de Copenhague, hablará de la construcción de una semiótica general del texto. Considerado como un antecedente, en su obra *Prolegómenos a una teoría del lenguaje* (1974 [1943]), Hjelmslev dice que la finalidad de la teoría lingüística es el estudio de los textos como realización del sistema[26]. Luego vendrá Coseriu, el primero que propuso este estudio con ese nombre, *Lingüística del Texto* ya en 1955[27]. Heredero del pensamiento de Humboldt dice que el lenguaje

---

de Praga, que se plasmó en los *Grundzüge der Phonologie* (1939), que debe considerarse un hito importante en la Historia de la Lingüística. La traducción española es de 1974 (*Principios de Fonología*). El conjunto de sus trabajos están recogidos en los *Travaux du Cercle Linguistique de Prague* (8 volúmenes), en cuya publicación colaboraron lingüistas de la talla de Karl Bülher, A. Belic, J. Vendryes, Émile Benveniste y André Martinet.

[26]   «Los objetos que interesan a la teoría lingüística son los textos. El fin de la teoría lingüística es dotarnos de un modo de proceder con el cual pueda comprenderse un texto dado mediante una descripción autoconsecuente y exhaustiva. Pero debe indicar además cómo puede entenderse cualquier otro texto de la naturaleza establecida como premisa, y esto lo hace facilitándonos instrumentos susceptibles de empleo en tal texto» (Hjelmslev, 1974 [1943]: 31).

[27]   Este artículo está recogido en la obra del mismo autor (1973³: 282-323). Resulta particularmente interesante «La situación en lingüística» en Coseriu (1977), en donde el autor establece claramente la relación entre la Lingüística Estructural, la Lingüística Generativo-transformacional y la Lingüística del Texto. Apareció en español en la revista alemana

«Se da como *actividad*, o sea como hablar (la afirmación de Humbold de que el lenguaje no es *ergon*, sino *energeia* no es una paradoja o una metáfora, sino una simple comprobación). Más aún sólo porque se da como actividad, puede estudiarse también como "producto"» (1973³ [1955]: 285-286).

El hablar como *producto*, que para Coseriu es el *texto*, necesita una nueva lingüística (*la lingüística del texto* o lingüística del hablar en el *nivel particular* ya existente) en el *nivel universal*, que sería en sentido estricto, una «verdadera *gramática del hablar*», indispensable para el análisis de los textos, cuyo objeto propio sería la técnica general de la actividad lingüística. La investigación lingüística para Coseriu exige tener en cuenta, no sólo el conocimiento de los hablantes sobre su propia lengua, sino también las técnicas que emplean para convertir ese conocimiento lingüístico en actividad verbal[28].

Pero las primeras apreciaciones sistemáticas corresponden a Peter Hartmann, uno de los iniciadores de la Lingüística del Texto en Alemania, que en 1968 formó parte de un grupo de investigadores en la Universidad de Constanza para participar en su proyecto sobre la noción de «gramática textual». Entre los investigadores del grupo se encontraban también János Petöfi y Teun Adrianus Van Dijk. En esa conferencia Hartmann se expresaba en estos términos:

«Si la ciencia del lenguaje ha de ser practicada y desarrollada con una amplitud y diferenciación adecuadas a su objeto, tiene que iniciarse desde la auténtica situación del objeto en el terreno de la realidad del lenguaje. El punto de partida de una fenomenología del objeto lingüístico es la textualidad de los signos originales de lenguaje» (1971: 12 citado por Schmidt, 1977 [1973]: 22).

Romanistischhes Jahrbuch (VII), con el título «Determinación y entorno» (1955-56: 29-54).

[28] Muchos de los problemas de los que se había ocupado Coseriu fueron, con posterioridad, lo suficientemente significativos como para centrar los estudios y análisis del lenguaje en la función comunicativa. Es lamentable que se desatendieran sus propuestas y hasta, en muchos casos, que fueran totalmente ignoradas.

Para Hartmann el texto como signo primario del lenguaje debe ser el punto de partida de una lingüística adecuada y lo primero que se manifiesta en la Lingüística es el hecho observable de la comunicación verbal (no las palabras ni las formas). Lo segundo, resultado de lo fenomenológico, es la *textualidad* del lenguaje, que a su vez se manifiesta como una estructura de realización del texto. Quiere decir que cuando se establece una comunicación se realiza con *carácter de texto*. La *textualidad* es el *modo de manifestación* universal y social que se usa en todas las lenguas para la realización de la comunicación.

Tanto en Alemania como en Holanda surge la Lingüística del Texto como una vía correctora de la gramática generativo-transformacional chomskyana[29].

¿Por qué correctora del transformacionalismo?

La gramática generativa, producto de una larga tradición lingüística combinada con una inteligencia privilegiada[30], cuenta con tres principios de base en su teoría, principios que le han permitido conquistar un lugar particular en la lingüística contemporánea. Esos axiomas, en los que descansa todo el edificio generativista, se concretan en la *competencia* y *ejecución*, que servirá de base a la *metodología de la investigación lingüística*; y la ejecución (estructura profunda y estructura superficial) sobre la que se construye el *componente transformacional*. El carácter dinámico de la

---

[29]   Aunque este movimiento haya nacido en Massachussetts, sin embargo, ha tenido grandes repercusiones en Europa, sobre todo en importantes versiones europeas.

[30]   Chomsky, alumno aventajado de Zelling Sabbatthei Harris en la Universidad de Pensilvania, gesta su teoría gramatical a partir de 1951 en Harvard, donde enseña Jakobson una fonología antidistribucional y una lingüística que se aleja de las concepciones bloomfieldanas. En ese ambiente y en el Massachusetts Institute of Technology (ingresa en 1954), donde se entremezclan la teoría de la información, la lógica, las matemáticas, la psicología y la cibernética, se impregna de esa corriente de pensamiento hasta ir a parar a la lingüística generativa. Hay que añadir que Chomsky se inspira en determinados aspectos de la tradición lingüística, como es el de los cartesianos, la *Grammaire générale et raisonnée* de Port-Royal, así como en las concepciones de Wilhelm von Humboldt, que le «presta» el aspecto de «competencia» de la actividad lingüística, y, consiguientemente, aunque en germen, la concepción «generativa» de la gramática.

gramática, el tercero de los principios, justifica la *estructura de la actual teoría generativa* chomskiana (Nivette, 1973 [1970]: 85-106), sobre todo a partir de la primera revisión hecha por el mismo Chomsky y que se contiene en su obra *Aspects of the theory of syntax* (1965)[31]. El 65 es el año más importante en el pensamiento generativista de Chomsky, pero en años posteriores, el 68 y, sobre todo, a partir de 1971, sus discípulos elaborarán una modificación (Lakoff (1974 [1969-71]), que propiciará el establecimiento del componente semántico.

De la misma manera que el componente sintáctico, a base de transformaciones, engendra todas las estructuras sintáctica posibles, así el componente semántico es capaz de engendrar todas las estructuras semánticas posibles. Es natural suponer que la interpretación semántica de la oración queda determinada por el contenido semántico intrínseco de sus piezas léxicas y por la manera en que éstas están relacionadas entre sí en el nivel de la estructura profunda.

Según Chomsky, cuando un individuo ha asimilado una lengua puede construir un número infinito de frases en dicha lengua y esa posibilidad es lo que se denomina *competencia*. En la práctica, la competencia se refleja en la *ejecución*, o conjunto de manifestaciones lingüísticas reales del sujeto hablante, aunque ambas se estructuran en *constante interacción*, en el sentido de que la competencia determina en gran parte la ejecución y ésta influye, a su vez, en la competencia. Mediante una serie de reglas, Chomsky da a cada oración, de manera explícita y exhaustiva, una descripción estructural. Por esta vía entran a formar parte del mecanismo generativista dos conceptos básicos en la teoría chomskiana, *aceptabilidad* y *gramaticalidad*, que permitirá distinguir las oraciones de las no-oraciones, uno de los problemas no resueltos por los estructuralistas.

---

[31]   La primera versión de la lingüística generativa representada por su obra de 1957, *Syntactic Structures*, sufre una evolución posterior con la introducción del componente semántico, lo que supuso una transformación incalculable de la versión original. *Current Issues in Linguistic Theory* (1964), como segunda etapa generativa o más bien como evolución, conducirá a la etapa *clásica* de la teoría chomskiana representada por *Aspects of the theory of syntax* (1965), en la que se establece la importante dicotomía *competencia* y *actuación*.

Las oraciones son aceptables si son convenientes, apropiadas, adecuadas al propósito del momento; es decir, si se ajustan a las intuiciones lingüísticas de los hablantes; es un concepto que se deriva de la teoría de la actuación o *ejecución*. La gramaticalidad, sin embargo, atañe a la teoría de la competencia, en el sentido de que se deriva de su momento formalizado sobre la competencia lingüística.

Los datos semánticos necesarios para llegar a la forma fonética de la frase o, lo que es lo mismo, el sentido mismo del mensaje, están contenidos en la *estructura profunda*, que mediante un sistema de reglas de transformación (exigencia para la distinción entre una y otra estructura), se convertirá en una *estructura superficial*, a la que se le aplicarán las reglas fonológicas pertinentes. Con las reglas de transformación, Chomsky trata de explicar las ambigüedades léxicas y estructurales no resueltas por los métodos distribucionales. Muchas ambigüedades tienen su asiento en la indeterminación discursiva; de ahí que en muchos casos el equívoco o la indeterminación se resolverá en favor de un sentido en el texto o «juego lingüístico».

Todo mensaje lingüístico resultado de la relación existente entre las formas fonéticas y los contenidos semánticos, fruto a su vez de la *competencia ideal* del sujeto hablante, es generado mediante el componente sintáctico, que da además una *explicación* de la relación existente entre ambas estructuras (profunda y superficial). Chomsky, que concibe la lengua como un proceso dinámico frente a los estructuralistas, que, en su mayoría se limitan a la descripción de los fenómenos lingüísticos, se ve impelido a buscar una explicación de esos mismos fenómenos y a formular las previsiones de las manifestaciones permitidas por la lengua en general o por una lengua particular.

Los gramáticos textuales trataron de extender el alcance de la gramática generativa al estudio de los textos. Para ello utilizan el armazón de la gramática generativa, que había conseguido distinguir *oraciones* de *no-oraciones*. Una serie de principios (gramaticalidad y aceptabilidad) confieren la «oracionalidad» a un conjunto de palabras. Al texto le sucede lo mismo: la *textualidad* le viene de la *cohesión* y la *coherencia*, como veremos. De ahí pasaron a postular que los textos, y no las oraciones, deberían ser considerados el dominio natural de la gramática generativa. Esto presupone que conceptos básicos tales como «competencia» y «actuación» tendrían que formularse en relación con los textos, la competencia textual y la actuación textual. Los requisitos chomskianos sirvieron a la Gramática y Lingüística Textuales para establecer una teoría lingüístico-gramatical científica. Dichos requisitos, generativo o explícito y transformatorio, son imprescindibles, respectivamente, por una parte, para la explicación del objeto de acuerdo con unas exigencias formales y, por otra, por el carácter creativo del lenguaje.

Así, por ejemplo, Isenberg, estudioso de la gramática de la frase, ya en 1968 señala una serie de fenómenos que no podía explicar la sintaxis clásica: la anáfora, la selección de artículos, permutaciones de miembros en la frase, relaciones entre frases yuxtapuestas, la concordancia, etc. Para él la solución de estos problemas solamente puede encontrarse a partir de una serie de esquemas de «puesta en texto», es decir, explicar las relaciones, por ejemplo, entre frases ligadas causalmente. Más tarde (1970) incorporará otros elementos que se relacionan con la competencia y la situación del discurso.

Pero la única discusión generalmente conocida del análisis del discurso está en el alemán Manfred Bierwisch[32] (nac. 1930), que fue realmente uno de los primeros en formular lo que más tarde fue conocido como el *problema de la coherencia* o principio de coherencia en la literatura lingüística. Éste admitía que el análisis lingüístico de las estructuras que se extienden más allá de la oración tenía que ser considerado como un problema no resuelto. Los métodos estructurales aplicados al análisis del discurso no habían sido capaces de distinguir secuencias aceptables de oraciones desconectadas entre sí. Su alternativa consistía en pedir una teoría textual que explicara la noción de «texto en L» en analogía con la «oración en L» de Chomsky, para poder determinar lo que constituye la relación entre las oraciones de un discurso. Se caminaba así hacia el establecimiento de una gramática textual capaz de explicitar satisfactoriamente la «contribución del lector inteligente» en la aceptabilidad del texto como unidad mínima comunicativa, que eso era, en definitiva, lo que la teoría de la gramática generativa trata a su vez de explicitar.

Así la gramática generativa se utilizó también para describir los diferentes grados de aceptabilidad de los textos, encontrando las

---

[32]   Fue Director del Centro de Trabajo de Gramática Estructural de la Academia de Ciencias de Berlín Este, que es el centro básico de renovación de la gramática alemana y que publica la serie *Studia Grammatica*. Cfr. BIERWISCH, M. (1971), «On classifying semantic Features», en STEINBERG, D. y JAKOBOVITS, l. (1971): *Semantics*, Cambridge, CUP.

correspondientes técnicas textuales para la buena formación sintáctica y para la aceptabilidad semántica.

Luego veremos cómo Van Dijk hablará de macroestructura profunda del texto (*textual deep structure*), en lugar de estructura profunda, referida a las oraciones.

Otros autores utilizaron los métodos estructuralistas para explicar y someter a reglas la «coherencia textual». Así, por ejemplo. Roland Harweg (1968) propuso un procedimiento denominado «sustitución pro-formas»[33], es decir, se trataba de expresiones de idéntica o diferente forma analógica que designaba el mismo objeto y se reemplazaban entre sí en los textos bajo ciertas condiciones[34]. Así, por ejemplo, *Estoy dispuesto a todo eso*, «**eso** es lo que dijo», donde *eso* equivale al enunciado *Estoy dispuesto a todo*.

En América, como antecedentes de la Lingüística del Texto debemos situar a Harris[35]. Un aspecto de su producción, prácticamente ignorado, son sus investigaciones sobre el análisis lingüístico llevado más allá de los límites de la oración, y que él mismo denominó *discourse analysis*, que dio título, así mismo, a un artículo publicado en 1952 en *Language* 28 (1-30)[36].

---

[33] Recuérdese que las pro-formas en gramática generativa se refieren al elemento abstracto representante de toda una categoría sintáctica determinada. // Elemento o expresión que sustituye a otro mencionado anteriormente en un mismo texto, y del que es correferencial.

[34] A pesar de las críticas que recibió Harweg, ya que el resultado de su investigación no explicaba cómo se relacionaban sus proformas con otros medios de creación de coherencia textual (quedaba realmente reducida a una pura taxonomía), no se le puede negar su valiosa contribución a la investigación sobre los mecanismos de la estructura textual.

[35] Zelling Sabbatthei HARRIS, de origen ruso, discípulo de Sapir y Bloomfield, publica en 1951 *Methods in Structural Linguistics*, obra en la que condensa en un sistema riguroso los planteamientos del estructuralismo americano a partir de Bloomfield. En torno a 1955 empezó a desarrollar una teoría de las transformaciones gramaticales, un poco distinta de la de Chomsky, en *Papers in Structural and Transformational Linguistics* (1970), obra en la que aparece incluido su artículo «Discourse Analysis».

[36] Esta orientación aparece desde 1952 en *Culture and Style in Extender Discourse*, en *Proceedings of the 29 th International Congress of Americanists*.

Hay que admitir que Harris, al referirse a la distribución de los morfemas en los textos, en esta primera etapa de su pensamiento, más que interesarse por lo que el texto dice, lo importante para él son las conclusiones formales obtenidas del esquema de distribución de los morfemas en el texto. Sin embargo, Harris, a pesar de su exigencia teórica, no tiene más remedio que utilizar conocimientos semánticos en el curso de su análisis, convirtiéndose el recurso al sentido en un procedimiento inevitable, en lugar de una técnica hermética o facultativa como él mismo pareció admitir al principio.

Unos años después del «Discourse Analysis», la obra sobre *Methods in estructural linguistics*, publicada en 1951, vuelve a reeditarse en 1960 con el título *Structural Linguistics*, en cuyo prólogo aparecen importantes ampliaciones al distribucionalismo. La primera de estas ampliaciones tenía que ver con su propuesta de la descripción de una lengua mediante una serie de oraciones nucleares y de transformaciones a partir de dichas oraciones:

> «Transformations: The basic approach of structural linguistics (in this book) is to characterize each linguistic entity (element or construction) as composed out of specified ordered entities at a lower level. A different linguistic analysis can be obtained if we try to characterize each sentence as derived, in accordance with a set of transformational rules, from one or more (generally simpler) sentences, i.e. from other entities on the same level» (Harris, 1961: VI).

Estos instrumentos de transformación deberían ser capaces de describir las relaciones sintácticas y semánticas entre las oraciones y explicar así cualquier ambigüedad. Semejante actitud metodológica muestra su relación con el generativismo de Chomsky, a quien prestó el término y el concepto *transformación* para describir los dominios conectados o el *discurso conectado*[37], yendo más allá de la oración en

---

[37]   Harris, como resultado de sus relaciones docentes con Chomsky y su incursión en el campo de la traducción automática, sintió la necesidad de incorporar definitivamente el formalismo lógico y matemático en la lingüística, lo que provocó un cambio de concepción de sus intereses científicos. Esta nueva concepción, que tiene que ver con el análisis del

sus análisis lingüísticos propone un análisis del discurso. Insiste en que el análisis lingüístico hasta ese momento no había ido más allá de los límites de la oración y que los métodos conocidos no habían permitido describir las relaciones estructurales entre oraciones:

> «Discourse analysis: Exact linguistic analysis does not go beyond the limits of a sentence; the stringent demands of its procedures are not satisfied by the relations between one sentence and its neighbors, or between parts of one sentence and parts of its neighbors» (Harris, 1961: VII).

Es sabido que, desarrollando sus métodos con la máxima coherencia, Harris ha llegado por primera vez a identificar los límites y a proponer las innovaciones que han conducido al desarrollo de la teoría transformacional, que él mismo ha elaborado de acuerdo con procedimientos llamados de «análisis de expresiones».

La Lingüística americana no se conocía en Europa, pero, sin embargo, los acercamientos de lingüística textual fueron bastante similares a las propuestas por Harris. Todos ellos llegaron a la conclusión de que las regularidades supraoracionales no podían ser reconstruidas por los instrumentos morfológicos y sintácticos tradicionales.

No puede dejar de mencionarse la existencia de toda una serie de estudios que tienen como unidad el texto y ello aunque sean dentro del estructuralismo.

Una posición original ocupa un alumno destacado de Sapir. Nos estamos refiriendo a Kenneth L. Pike[38] que entre los años 50 y 60 propone un modelo gramatical de corte contextual y pragmático, muy especialmente a partir de su *Language in Relation to a Unified Theory of*

---

discurso, se refleja en sus trabajos, de 1962 y 1968, respectivamente, *String Analisys of Sentence Structure*, y *Mathematical Structures of Language*.

[38] Fue un gran fonetista, cuyos métodos lingüísticos nacieron de su labor práctica de misionero entre los indios. El problema práctico que encontró Pike es el de hallar un medio de reducir la variedad inacabable de sonidos extraños de las lenguas indias a un número limitado de fonemas representables mediante las letras del alfabeto.

the Structure of Human Behavior (1967)[39]. En su línea de trabajo se definió el texto como una unidad mayor que la oración, cuyo procedimiento de investigación consistía en establecer diversos tipos de estructuras textuales y en clasificarlas en una serie de esquemas, ciertamente bastante alejados de cómo los textos se utilizan, lo que no significa ni le resta importancia como precedente importante en el establecimiento de la Lingüística del Texto.

Pike afirma explícitamente que la lingüística debe proporcionar los elementos que permitan construir la base, también lingüística, de las descripciones de la estructura textual. Insiste una y otra vez en la necesidad de recurrir a criterios «culturales» extralingüísticos para el desarrollo de la descripción del texto, cuya distribución entre elementos ÉMICOS, o aspectos significativos, y ÉTICOS o datos «objetivos», es fundamental en el análisis del comportamiento humano en general[40].

Este tipo de análisis del texto proporciona información acerca de la estructura del texto y también acerca del papel de los elementos que lo componen; no sólo se limita a decirnos el papel de los elementos

---

[39]   El modelo que propone se denomina TAGMÉMICA (<gr. tágma, «ordenación»), donde trata de integrar, no sólo tipos de comportamiento lingüístico, sino también, dentro de este último, los distintos niveles estructurales desde el texto hasta los componentes fonológicos mínimos pasando por los capítulos, párrafos, oraciones, cláusulas, palabras, etc., *Estoy dispuesto a todo eso*, «**eso** es lo que dijo», donde *eso* equivale al enunciado *Estoy dispuesto a todo*, todos ellos en estricta ordenación jerárquica.

[40]   Los adjetivos *ético* y *émico* se crearon de acuerdo con los sufijos de los adjetivos *fonético* y *fonémico*. Según Pike, cuando se trata de describir un suceso humano, hay dos actitudes: la actitud *ética*, que consiste en prohibirse toda hipótesis sobre la función de los sucesos encarados y caracterizados sólo con ayuda de criterios espacio-temporales. En cambio, la perspectiva *émica* consiste en interpretar los sucesos según su función particular en el mundo cultural particular del que forma parte. Aplicado a un texto, calificado como *ético,* se refiere al texto producido, a la manifestación textual. El *texto émico* es el texto en potencia o lo que también se denomina *textema.* Para Pike el «Distribucionalismo», aplicado al lenguaje, es el ejemplo de un punto de vista ético o exterior, mientras que el estudio émico deberá incorporarse superponiéndolo al externo, para que caracterice las unidades por la función que le asigne el sujeto hablante.

dentro de la oración, sino que va más allá dándonos información sobre fragmentos mayores que la oración.

Unido a estas circunstancias, algunos estudiosos de la literatura como el filósofo polaco Roman Ingarden (1965[3]), René Wellek y Austin Warren (1949), al referirse a la literatura, concluyeron que una interpretación segura de la literatura debería buscarse en la descripción de la estructura del texto. Ambos autores esperaban que el apoyo llegaría de la Lingüística, ya que las tendencias filológicas del momento no proporcionaban los instrumentos descriptivos precisos para hacerlo.

Llegados a este punto, y como resumen de lo anterior, podríamos decir que la Lingüística o la Gramática Textual enlaza preocupaciones típicas de la lingüística europea: el discurso desde el punto de vista retórico (estructuralismo y formalismo), las relaciones de inferencia y la representación social del lenguaje (Wittgenstein), con otras de las escuelas americanas, cuyos problemas van ligados a la representación semántica de los textos.

1.2. La categoría de Texto: propiedades

El presupuesto inicial de la Lingüística del Texto se fundamenta en la afirmación de que no hablamos por frases sino por textos; es decir, todas las unidades lingüísticas regulan su interacción operativa según el PLAN TEXTUAL en que aparecen insertas. De ahí que la investigación en lingüística textual comienza en el punto en que la gramática y la lingüística oracional no dan explicaciones adecuadas a los fenómenos lingüísticos.

Si nos limitamos al estudio de las oraciones sin tener en cuenta, por ejemplo, su integración en el discurso, no podremos describir en su totalidad los productos lingüísticos, ya que en las oraciones del discurso se produce una interacción de significado, gracias a la cual, el significado definitivo de cada oración viene determinado por el significado global de todos los demás, es decir, del texto como globalidad.

El texto concebido así en su condición de unidad o PLAN TEXTUAL descubre en toda entidad lingüística una doble vertiente de afirmación: como estructura de manifestación lineal -estructura de superficie- y estructura profunda[41].

---

[41] Para la relación entre micro y macroestructura en relación con la Retórica, véase: Albaladejo / García Berrio (1983: 127-179).

Habría que empezar por preguntarse qué es un texto, o qué entendemos nosotros por texto. Debemos establecer una diferencia entre *enunciado* y *texto* (= ¿*discurso*?). Si acudimos a un Diccionario especializado, como es el caso del de Marchese y Forradellas[42], encontramos la definición siguiente:

> «Tradicionalmente se llama texto a un conjunto de enunciados que pueden ser sometidos a análisis. Hejlmslev amplió este concepto para hacerlo designar cualquier enunciado coherente, sea cual sea su extensión, larga o breve, desde un simple ¡Ya! hasta la obra de Cervantes, *D. Quijote de la Mancha*».

Según lo anterior, el texto considerado como unidad teórica no tiene una extensión prefijada. Puede ser una sola palabra, una frase, un libro entero. En este sentido, el texto es algo observable en su manifestación lineal-terminal (Albaladejo/García Berrio, 1983: 221), que se corresponde con un constructo teórico subyacente (gramática generativa oracional). Es el mismo sentido que tiene en Weinrich, aunque el autor de *Lenguaje en textos* se acerca más a lo que nosotros entendemos por texto, como se desprende de las palabras siguientes: «todo texto es un trenzado de determinaciones por medio de las cuales se modifican mutuamente los significados» (1981 [1976]: 211). Según esto el *texto* es un tipo de producción significativa que, ciertamente, no es pensable más que en la materia lingüística, pero que descansa en el *engendramiento* de la significación estructurada, cuya operación (lingüística) desemboca en el denominado por Julia Kristeva *feno-texto* (1978 [1969]: 95-217). En este sentido puede decirse que el texto es *productividad*, por lo que debe ser considerado como un objeto dinámico, que en último término depende de la intención comunicativa del hablante. Es la *lectura* de un «alfabeto de unidades sometidas a una dinámica interna concreta», cuyos símbolos

---

[42] «De aquí procede -sigue Marchese/Forradellas- la llamada *Lingüística Textual*, que nace de la convicción de que un mensaje no consiste en la simple yuxtaposición de frases (en el cual se basa la lingüística no textual), porque la significación global, es decir, estructural, de un mensaje-texto es más rica y compleja que la suma de los significados de las frases constituyentes aisladas. El texto contiene presupuestos distintos de los de las frases que los constituyen», (1986 [1978]).

gráficos deben ser aprehendidos por un acto significativo específico, trascendiendo los propios grafemas, aunque sin romper *la atadura* con el *plano ejecutado*, que es el que genera la lectura adecuada (Ramón Trives, 1979: 185-187).

Para que un enunciado adquiera la categoría de *texto* deben cumplirse algunos requisitos o condiciones: *cohesión, coherencia, intencionalidad* y *aceptabilidad*[43].

La cohesión.

En Lingüística Textual, el término *cohesión*, lo mismo que el de *coherencia*, es una noción centrada en el texto, y con él queremos destacar la función que desempeña la sintaxis en la comunicación. Si acudimos a los diccionarios para ver su valor etimológico (< der. de *cŏhaerēre),* nos encontramos con el siguiente significado: 'estar unido', 'reunirse o adherirse las cosas entre sí', es decir, aplicado al texto, como conjunto de signos lingüísticos, significa la conexión de los elementos léxicos, cuya trabazón da lugar al sentido. Podemos afirmar en principio que la *estabilidad* de un texto depende de que se mantenga la *continuidad* de los elementos lingüísticos que lo integran, es decir, que existe una relación entre esos elementos, propiciando así el funcionamiento de la comunicación. En el momento en que se rompe la continuidad, peligra la estabilidad del texto y, consiguientemente, se interrumpe, o no se produce, la comunicación lingüística, debido a que el texto carece de *cohesión*. Así, cuando aparece en la línea textual una frase o una

---

[43]   Beaugrande/Dressler (1997 [1972]: 35-47) añaden otras tres notas (informatividad, situacionalidad e intertextualidad) para que un texto funcione en la *interacción comunicativa*. Los cuatro requisitos que conforman la *textualidad* de un texto necesariamente incluyen los otros tres. Así, si un texto está dotado de la *intencionalidad* (actitud del productor textual*)* y *aceptabilidad* (actividad del receptor), obviamente el texto debe ser informativo, ya que cualquier nivel bajo de *informatividad* haría que el texto en cuestión automáticamente fuera inaceptable, y otro tanto sucedería con la *situacionalidad* (ser relevante en texto en la situación en que aparece) y la *intertextualidad*. Es impensable que el productor no ponga los medios textuales imprescindibles para que funcione eficaz y comunicativamente su mensaje.

oración, cuyos elementos están *conectados,* genera en el receptor unas determinadas expectativas que coadyuvan al sentido del fragmento siguiente. El paso de una unidad del texto a otra se realiza mediante vínculos o dependencias gramaticales. La aparición de un elemento gramatical activa una *red sintagmática nominal* o *verbal,* según los casos (Beaugrande/Dressler, 1997 [1972]: 89 ss.), que tiene la misión de organizar la estructura lingüística superficial para que la comunicación se produzca con eficacia.

Por otra parte, el mecanismo de cohesión se ocupa de establecer los procedimientos adecuados para que la mente humana sea capaz de procesar fragmentos textuales excesivamente largos, y lo hace mediante la compresión y modificación de elementos como la elisión, repetición, sustitución, etc., procedimientos todos ellos que contribuyen a *estabilizar* el sistema.

Veamos algunos de estos mecanismos. La denominada *pronominalización,* o uso de *proformas,* se produce cuando un referente manifestado mediante un nombre es expresado en otras ocasiones en el mismo texto con un pronombre. Por ejemplo, el siguiente texto: *Estoy esperando a que den las 7'30 para ir a buscar al niño. Cuando venga a casa, lo bañaré, le daré de cenar y lo acostaré,* construido mediante el uso de pronombres, que funcionan además como partículas de conexión, cumple las condiciones de *cohesión,* cosa que no sucede si en lugar de la segunda frase dijera: **traeré el niño a casa, bañaré al niño, daré de cenar al niño, acostaré al niño* (Albert 1992: 536).

Las proformas son correferentes, es decir, guardan correspondencia con el elemento que sustituyen, y en muchas ocasiones pueden sustituir incluso a cláusulas y oraciones completas («sustitución clausal», en terminología de Beaugrande/Dressler). Un ejemplo de ello es el demostrativo *eso* que, en un momento dado, puede aparecer en lugar de un enunciado completo: *Eso produjo una gran conmoción,* donde *eso* está en lugar de una oración completa como puede ser: *el estallido de una bomba en el mercado.*

Otra modalidad es la *identidad referencial,* que consiste en la existencia de un elemento del referente recogido en las informaciones a nivel profundo del texto, que se manifiesta en la superficie mediante un mecanismo general de cohesión textual conocido como *recurrencia,* es decir, repetición de uno o varios elementos fijos a lo largo de un texto.

Un ejemplo que puede servir para este tipo de recurrencia es la identidad lexemática de un personaje o de otro elemento. En un texto como el siguiente: *Pedro ha comprado una casa. La casa cuenta con todas las comodidades*, pudiera ser que merced a una imposición de estilo no fuera posible la reiteración del mismo lexema, lo que obligaría a acudir al mecanismo denominado *paráfrasis*, entendido el término no como *amplificación explicativa*, que es la que se aplica al comentario de un texto, sino que es la que permite sustituir el enunciado en cuestión por otros enunciados de esa misma lengua considerados sinónimos y semánticamente equivalentes. Eso significa tener la capacidad de parafrasear dichos enunciados y de traducirlos a la misma lengua en que están formulados. Siguiendo con el mismo ejemplo, supongamos que sabemos que la casa no sólo es muy cómoda, sino que además está en el campo, cuenta con dos plantas y está rodeada de un hermoso jardín. Así, en lugar de decir la *casa*, podemos decir: el *chalet*: *Pedro ha comprado una casa. El chalet cuenta con todas las comodidades*.

Es éste un ejemplo de enmascaramiento de la recurrencia de textos en el que el estilo, como decimos, juega o puede jugar un papel decisivo para la elección.

También la *cohesión textual* guarda relación con el *tiempo* y el *aspecto* verbal, en algunos de cuyos casos se utilizan conectores cuando el sistema verbal no organiza temporalmente las situaciones o los acontecimientos que integran el mundo textual. Los conectores establecen una serie de relaciones, como es el caso de la conjunción, que conecta entre sí dos acontecimientos o situaciones interdependientes, aunque también su ausencia, en ocasiones y a menos que se diga algo en contra, unos acontecimientos se van añadiendo sucesivamente a otros en el mundo textual. Lo mismo puede afirmarse en relación con otros tipos de conjunciones o partículas en general. Es obvio que la conexión juega un papel importante en el proceso de construcción del texto.

Por último, recordemos que cuando Walter Porzig dice que «la ordenación de las palabras en la frase no se deja en ninguna lengua al arbitrio» (1974: 154), está hablando de un componente gramatical esencial en la construcción de un texto, que tiene relación con lo que venimos diciendo sobre la *cohesión*. Ese componente podríamos denominarlo «componente de buena formación sintáctica» (FS). Este operador se encarga de la formación correcta de las frases, y uno de sus cometidos es rechazar expresiones como la siguiente: **Libro ahora escribiendo estoy*, que resulta un sinsentido y que al reconstruirla, ordenando correctamente sus elementos, recupera el sentido. Así, tendríamos: *Ahora estoy escribiendo un libro*.

La coherencia

Recordemos, como hemos señalado más arriba, que algunos, como es el caso de Manfred Bierwisch, habían tratado ya sobre el *problema de la coherencia* o principio de coherencia en la literatura lingüística, y también, por su parte, Harweg intentó explicar y someter a reglas la «coherencia textual», así como Harris que habla de *discurso conectado*. Pero sobre todo debemos referirnos a Beaugrande/Dressler, que en su obra de 1972, dedica un amplio capítulo al tema.

¿Qué entendemos por *coherencia*? Digamos, por adelantado, que se trata de un valor semántico que se da en los distintos niveles del texto. Hace referencia al conocimiento que se transmite de manera efectiva. Podríamos en este caso hablar de *sentido* y al utilizar esta palabra nos referimos al significado concreto que una expresión tiene en el texto concreto en el que se usa, encaminada a la construcción del «sentido global». La *coherencia* tiene que ver con las interrelaciones de las informaciones contenidas en el texto: el conocimiento activado de las expresiones que van apareciendo en la línea textual van construyendo la continuidad de sentido, que está en la base de la coherencia, que, como veremos, depende en gran parte de la cohesión; se trata más bien de un producto resultado de los procesos cognitivos puestos en funcionamiento por los usuarios de la lengua.

Es cierto que la habilidad humana para descubrir sentidos intencionados que no aparecen en el texto, y también para resolver las indeterminaciones o ambigüedades, a veces no tiene explicación aparente, aunque hay que admitir que el conocimiento acumulado del emisor y el receptor («semántica procedimental», en terminología de Beaugrande/Dressler), amén de otros elementos, como tendremos ocasión de desarrollar más adelante, puede satisfacer y resolver el problema. Muchas veces determinados conocimientos de los que intervienen en la comunicación se activan dependiendo de los elementos textuales que aparezcan en la superficie del texto y, en todo caso, la eficacia de la comunicación le viene de una serie de contextos, sin cuya presencia surgiría la vaguedad o el sinsentido, sabiendo que el emisor quiere, precisamente, crear ambigüedad o transmitir el *sinsentido*, pero ése es otro tema.

En los casos en que los conceptos y las relaciones no sean suficientes para dar coherencia a un texto y, consiguientemente, el sentido no se transmita, existe, no sólo una serie de conocimientos acumulados en la mente del usuario del texto (emisor y receptor), sino la capacidad de realizar *inferencias*, una operación que entra en funcionamiento para dar coherencia a aquello que no la tiene. El artículo *inferencia* significa, según el DRAE, «Sacar una consecuencia o deducir una cosa de otra». En efecto, se trata de un término de la lógica que designa aquel procedimiento mediante el cual se llega a conclusiones válidas, que una larga tradición filosófica ha legitimado, como el procedimiento inferencial por excelencia. Nos estamos refiriendo a la *inducción* y la *deducción*.

Un tipo de inferencia es la *presuposición*. Se trata de un dispositivo de coherencia de nivel profundo que se manifiesta en la superficie textual de diversas maneras.

Veamos. Es una experiencia común que en la comunicación lingüística se da un alto coeficiente de conceptos implícitos o presupuestos. Si, por ejemplo, me encuentro en una tertulia y, por las razones que sean, describo el edificio donde me encuentro, que es la Universidad, y digo *su aula magna* o *su sala de grados*, utilizo el posesivo porque se presupone que la imagen cultural de los que participamos en la tertulia, incluye que un edificio universitario cuente lógicamente con un aula magna y una sala de grados.

Este tipo de presuposiciones se dan en un plano extralingüístico, pero existen otras que se dan en función de la dinámica textual. Ello quiere decir, que en la narración de un hecho, cualquier circunstancia explícita de la parte del discurso ya transcurrido, puede quedar implícita o simplemente mencionada sin explicación, en posteriores apariciones (Albaladejo/García Berrio, 1983: 226). Resulta manifiestamente claro que si tuviéramos que explicitar todas las nociones implícitas del discurso diario, la comunicación se convertiría en algo absolutamente farragoso.

Nos referiremos ahora a dos tipos de presuposiciones. La primera requiere que haya identidad parcial con el referente, debiendo aparecer en superficie el elemento que permite la presuposición y el que la implica.

Veamos un ejemplo: *Entraron en el Louvre, donde visitaron algunas de las salas del ala derecha del Museo. Cuando salieron, buscaron un lugar en la plaza, desde donde fotografiaron su pirámide*. Esta presuposición está basada en el conocimiento que tienen quienes participan en la conversación. Si el receptor no ha visitado el Louvre y nunca ha visto una fotografía de la plaza del museo o no se lo han dicho, no entenderá la expresión su pirámide. El *su* presupone conocimiento implícito de la existencia de la tal pirámide o construcción en forma de pirámide.

Ésta es una de las clases que produce coherencia, pero todavía existe al menos otra que produce el mismo efecto.

Partimos del siguiente texto: *I. G. es profesora titular de la Universidad Rovira i Virgili. Debido a **su condición** de tal, forma parte de la Plantilla de la Universidad.* La expresión de la segunda frase que aparece en negrita, su condición, es un elemento que implica presuposición y viene dado por el sintagma *profesora titular*: su cargo o el hecho de haber ganado una oposición y ser nombrada oficialmente como Profesora Titular ha sido ya explicitado, por lo que no es necesario volver a decir a qué se debe el que forma parte integrante de la plantilla. La relación entre las partes implicadas es lo que da coherencia al texto en cuestión.

Otras formas de crear coherencia se basan en las relaciones hacia atrás y hacia adelante que se puede establecer en el discurso. Son relaciones que tienen un carácter puramente superficial. Con ello me estoy refiriendo a la coherencia basada en las relaciones *anafóricas*[44] y *catafóricas*[45]. Se trata de un tipo de conexiones semánticas entre frases y se trata de una relación de identidad parcial que se establece en el eje sintagmático del discurso. Un segmento del discurso se llama anafórico cuando para darle una interpretación es preciso remitirse a otro fragmento del mismo discurso (interpretante). El anafórico y su interpretante (Tesniére habla de *fuente semántica*) pueden pertenecer a la misma frase o a frases sucesivas (relaciones transfrásicas). Para Beaugrande/Dressler la *anáfora* consiste en utilizar una forma pronominal después de la expresión a la que sustituye. Es un procedimiento «para mantener activado durante un mayor espacio de tiempo el contenido conceptual de una expresión». Por el contrario, el fenómeno de la *catáfora* consiste en utilizar esa misma forma pronominal antes de la expresión correferente. El mecanismo de

---

[44]   *Anáfora* (<lat. anáphora <gr. 'repetición'), ciertamente, es un figura retórica que consiste en la repetición de una o varias palabras al comienzo de una frase, o al comienzo de diversas frases en el periodo. El DRAE: «*Ling.* Tipo de deixis que desempeñan ciertas palabras para asumir el significado de una parte del discurso ya emitida. [...]. Dijo que había estado, pero no me LO creí».

[45]   *Catáfora* (gr. 'que lleva hacia abajo'). DRAE: «f. *Ling.* Tipo de deixis que cumplen ciertas palabras, para anticipar una parte aún no enunciada del discurso que va a ser emitida a continuación. [...]. Lo que dijo es ESTO: que renunciaba».

la *catáfora*, amén de ayudar a la progresión de la información textual, «ejerce una influencia notable en la motivación de los lectores para que se adentren en el relato» (Beaugrande/Dressler, 1997 [1972]: 107-108)[46].

Son todos ellos procedimientos que tienen su fundamento en la linealidad del discurso, como lo es lo que van Dijk denomina *relevancia*, mecanismo de cohesión en superficie. Lo relevante es lo que tiene valor diferencial en la estructura del sistema lingüístico, como el mismo DRAE señala: «Un texto guarda coherencia cuando lo que se dice en cualquier lugar de la línea textual es *relevante* para lo que se acaba de decir».

La «desconexión» se produce cuando la expresión de un pensamiento de «descuelga» de todo lo anterior produciendo una serie de perplejidades en el lector. La frase *esto no tiene sentido* sería adecuada para calificar el contenido de dicha expresión, cuando no puede solucionarse, por ejemplo, mediante el conocimiento acumulado de hablante y de oyente.

Relacionado con lo anterior existe un mecanismo de funcionamiento textual que, entre otras cosas, sirve claramente para la producción de la coherencia. Me estoy refiriendo a la *estructura tema-rema* (Weinrich, 1981 [1976]: 175 ss.; Van Dijk, 1983 [1978]: 51 ss. y Petöfi, 1975: cap. 3). Este mecanismo en la exposición de un pensamiento, de una narración, impone un orden peculiar de exposición o narración que lleva, o por lo menos debe llevar, al oyente o lector de un estado de información bajo a otro más elevado. Así, por ejemplo, el oyente, en cualquier lugar del texto que se encuentre, ya ha recibido una determinada cantidad de información, y tiene otra por delante. Se denomina *tema* a la información recibida, y a la nueva, llevada por el texto en su progresión, *rema*.

Puede decirse que la distinción tema-rema (*topic-comment*) es de orden psicológico, aunque también intervienen aspectos semánticos y pragmáticos. El *tema* es un acto de enunciación, es aquello de lo que habla el locutor, el objeto del discurso; es el *sujeto psicológico*, como

---

[46] La distribución de las formas del artículo en un texto constituye un aspecto importante de su estructura, pues el artículo indica al receptor cómo entender los signos lingüísticos del texto en su interdependencia. A este respecto, Harald Weinrich (1981 [1976]: 223-249) subraya su importancia como elemento cuya función tiene que ver con la dinámica textual; opone el denominado artículo determinado, que establece una deixis anafórica textual (el sustantivo es conocido), al indeterminado, que funciona como una catáfora textual (referencia hacia lo que todavía queda por decir).

dicen los lingüistas de principios de siglo; el *rema* es la información que se procura aportar con respecto al tema. Quiere ello decir que todo texto exige la disposición lógica del pensamiento que sobre un acontecimiento se expande. Está basado en la ordenación de unidades de información, que justifican las siguientes unidades, porque crean unas expectativas, que si no se cumplen, exige la aparición de un mecanismo que solucione el problema de la posible incoherencia.

Pongamos un ejemplo. Cuando se trata de la biografía de un personaje, como es el caso de Pacorrito en el cuento *La princesa y el granuja* de Don Benito Pérez Galdós, la expresión del comienzo «Pacorrito era un gran personaje», crea unas determinadas expectativas que poco después quedan frustradas, cuando se nos dice que era un muchacho vendedor de periódicos, harapiento y solo en el mundo.

La ruptura de la estructura de progresión tema-rema que aparecen en el nivel de superficie, se explican como resultado de transformaciones textuales que alteran el mecanismo lógico de progresión con fines estilísticos o de otro orden. A veces se establecen marcos que apuntan hacia el tema: el énfasis, el tono irónico, etc., que restablecen la coherencia haciendo de ellos textos aceptables. Su carácter textual les viene dado, sin duda, por un elemento pragmático. Son textos producidos con una intención comunicativa especial. Muchas veces la información es insuficiente para establecer el *tema*, y no sólo eso, sino que hasta puede provocar trastornos y crear confusión. Por ejemplo, yo puedo decir: *Las clases han empezado*, lo que no implica necesariamente que yo quiera dar información sobre ese evento, a pesar de que el sujeto semántico y gramatical sea *las clases*. Lo que permite determinar el tema es la pregunta a la cual responde el enunciado o a lo que se supone que responde: ¿han terminado las obras? o ¿por qué hay tanta gente joven por los pasillos? En este caso resulta claro que la coherencia queda restablecida merced al conocimiento acumulado compartido por los interlocutores.

Sea como fuere, lo cierto es que la organización del *tópico-comentario* está bien sistematizado en lingüística e implica un planteamiento estrictamente textual, no siempre observable en el nivel de superficie.

Intencionalidad y aceptabilidad.

Así como la *coherencia* y la *cohesión*, según hemos dicho más arriba, se centran en el texto, la *intencionalidad* y *aceptabilidad* se sitúan en el ámbito mental o cognitivo ya que están centradas en el emisor y receptor, respectivamente.

La *intencionalidad* se refiere a cualquier modalidad en la que el productor o emisor utiliza los textos para conseguir que se cumpla lo que se propone, que puede ser sencilla y llanamente transmitir una información.

Sobre el tema de la intencionalidad en la comunicación, diversas disciplinas han llevado a cabo investigaciones al respecto poniendo énfasis en la función que desempeñan los textos en los sistemas de intercambio del habla, como es el caso de la sociología; o también los psicólogos subrayando la intención del productor del texto para influir y guiar la mente del oyente. Tampoco los filósofos se han quedado atrás y han influido notablemente en la lingüística obligando a esta disciplina a centrarse en la cuestión de cómo se relacionan las intenciones de los hablantes con la forma y el sentido de los enunciados.

La experiencia común nos dice que una determinada organización de elementos lingüísticos no basta para la comunicación. En efecto, un texto puede cumplir los requisitos de cohesión y coherencia, pero en ocasiones puede no resultar comunicativo a pesar de la intención del productor. Por ejemplo, el receptor no comparte el mismo conocimiento acerca de cualquier situación requerida imprescindible para que el texto sea comunicativo, o bien por la propia incapacidad para hacer inferencias. En este caso el receptor no acepta que esa determinada configuración de elementos lingüísticos sea un texto cohesionado y coherente, susceptible de ser utilizado comunicativamente.

Por el contrario, en el intercambio textual diario se dan situaciones en las que, a pesar de que el texto objeto del intercambio comunicativo no cumple las condiciones de cohesión y coherencia, que exigiría aparentemente la eficacia en la comunicación lingüística, ésta se produce con éxito. La falta de consistencia de las estructuras superficiales se suple mediante determinados factores situacionales, propiciando así que se realice el proceso de comprensión. Entra en juego esa zona de *tolerancia* que el concepto de 'aceptabilidad' incluye y que forma parte de la contribución del receptor en el intercambio comunicativo.

Las correspondencias entre aceptabilidad e intencionalidad son tan extremadamente complejas que los hablantes sometidos a determinadas tensiones producen textos que en circunstancias normales serían impensables y, sin embargo, como señalábamos más arriba, la comunicación se produce por la mediación de un mecanismo pragmático-lingüístico que se encarga de rellenar los espacios vacíos. Por otra parte, hay que contemplar que las también complicadas relaciones entre cohesión, coherencia e intencionalidad, pueden conducir a resultados sorprendentes, como es el caso del productor que quiere engañar al receptor y acaba siendo engañado él mismo, como le sucedió al «cazador cazado»[47].

2. De la Lingüística del Texto a la Semiótica y Pragmática Lingüísticas

Cualquier configuración de signos con sentido, como hemos señalado más arriba, es un texto y éste para constituirse como tal debe dotarse de textualidad[48]. El signo, como diría Saussure, está siempre en relación con otros signos, ya sea en el orden paradigmático (relaciones *in absentia*), ya sea en el orden sintagmático (relaciones *in praesentia*), o más bien en los dos sentidos, y ése es su estatuto semiótico. Sin ignorar que en la concepción saussureana el signo lingüístico es psíquico (*imagen* acústica y concepto llevado por esa imagen) subrayamos el concepto 'valor' que el profesor ginebrino aplica al signo lingüístico. Entendemos el *valor* como resultado de la relación del signo con los otros signos lingüísticos: cada signo individual aparece actualizado en un sistema real que regula su función y su sentido, de la misma manera que un original principio de organización (cohesión y coherencia) proporciona el sentido al texto considerado como un todo, a costa muchas veces de la destrucción de un significado preexistente. Las palabras de Unberto Eco refuerza esta tesis:

---

[47] Algunos autores hablan de la *completez* como una característica definidora del texto, que significa «sentido completo por sí mismo». El sentido es el resultado de la interrelación que se establece entre ellos una vez integrados en el texto (se combina lo dinámico -*sintagmática*- con lo opositivo -*paradigmática*-). La completez se puede manifestar en el texto mediante entonación, pausas, conectores-delimitadores del inicio y conclusión, etc. (Albaladejo Mayordomo/García Berrio, 1983: 224).

[48] Véanse a este respecto los requisitos imprescindibles para el cumplimiento de la textualidad en *supra* I.1.2., págs. 37 ss.

«Un texte n'est pas seulement un appareil de communication. C'est un appareil qui met en question les systèmes de signification lui préexistant, qui souvent les renouvelle et parfois les détruit» (Eco, 1988 [1984]: 32).

La ciencia de los textos lingüísticos puede ampliarse y generalizarse de manera que pueda convertirse en una suerte de semiótica de todos los tipos de textos. Es decir, todo signo como globalidad y toda agrupación de signos que cumplan determinados requisitos son objeto de la semiótica, porque ella se define precisamente como la ciencia de los signos.

La Semiótica como metodología aplicada a los sistemas sígnicos es disciplina reciente, aunque sus antecedentes, como ideas que han nutrido esta nueva ciencia, se remonta casi a dos mil años atrás. Todos cuantos se han preocupado por la eficacia de la lengua han ido sentando las bases de la semiótica hasta perfilarse definitivamente su estatuto científico, que como disciplina autónoma no ha conseguido establecerse hasta el siglo XX.

Son las lenguas naturales, cada una de ellas como sistema de signos específico, el objeto preferente de la semiótica así se manifiesta en el número de investigaciones presentadas en Seminarios y encuentros científicos, pero sobre todo en los respectivos congresos de la Asociación Internacional de Semiótica (AIS = IASS) en los de la Asociación Española de Semiótica (AES), amén de otros muchos.

En el ámbito filosófico Peirce fue el auténtico fundador de la Semiótica, disciplina que se configura como tal en la comparación entre los diversos sistemas de signos. Y Charles Morris quien llamó a la ciencia de los signos *Semiotic*, un término etimológicamente afín al de *Sémiologie*, según el uso de Ferdinand de Saussure[49]. Morris en *Foundations of the Theory of*

---

[49] Saussure, contemporáneo de Peirce, aunque casi 20 años más joven que él, representa el comienzo de otro gran filón de la semiótica contemporánea. En el *Cours de linguistique général* se pregunta por qué la semiología no ha existido hasta ahora. Su línea nada tiene que ver con línea filosófica alguna; el suyo es sólo un proyecto de futuro dentro del dominio de la psicología: la lingüística no constituye más que una parte de la ciencia general de los signos (Roland Barthes dirá lo contrario, precisamente). El lugar de la semiología parece determinado de antemano porque desde el comienzo se ha establecido el objeto y ese objeto es el signo. La lengua, porque es

Signs, que, como él mismo dice, fue publicado por primera vez en 1938 para la *International Encyclopaedia of Unified Science*, habla del aspecto pragmático de la semiosis al relacionar los signos con los intérpretes, cuya resultante constituye la *dimensión pragmática de la semiosis:*

«Habida cuenta de que la mayoría de los signos, si no todos, tienen como intérpretes seres vivos, para caracterizar con precisión la pragmática bastará con decir que se ocupa de los aspectos bióticos de la semiosis, es decir, de todos los fenómenos psicológicos, biológicos y sociológicos que se presentan en el funcionamiento de los signos» (1994² [1938]: 67-68).

Considera la pragmática como una de las tres dimensiones en las que se articula la semiosis, entendido este término como el proceso que conduce a la captación y reconocimiento de cualquier objeto síquico. Queda así tendido el puente entre semiótica y pragmática lingüística y también con el texto, según apuntábamos más arriba.

2.1. Texto, semiótica y filosofía

En el año 1969 se funda la *International Association for Semiotic Studies*[50] y, como se puede comprobar por el título, el término *semiótica* es el adoptado en su carta de constitución[51]. La semiótica es una

---

el sistema más perfecto de signos, será el modelo para toda semiología: «por eso la lengua, el más complejo y el más extendido de los sistemas de expresión, es también el más característico de todos; en este sentido la lingüística puede erigirse en el modelo general de toda semiología, aunque la lengua no sea más que un sistema particular» (1976¹⁵ [1916]: 131, 60).

[50]   En la Asamblea General de la Asociación, celebrada en Guadalajara (México) el día 18 de julio de 1997, última jornada del VII Congreso Internacional, se tomó por mayoría aplastante el acuerdo de introducir el español como lengua oficial, junto con el francés y el inglés, de la Asociación.

[51]   François Peraldi en el PRÓLOGO a la *Obra lógico semiótica* de Peirce dice que es una decisión sorprendente que la Asociación Internacional de Semiótica subsumiera «bajo el único término de Semiótica las actuales investigaciones sobre el signo y los innumerables sistemas de signos verbales o no verbales en el seno de los cuales el hombre necesita descubrir su sitio». Se trata, dice, de «dos grandes ejes del pensamiento de los lenguajes que no se pueden mezclar y que son absolutamente irreductibles» (1987: 27).

disciplina que estudia los sistemas de significación. Es la época ésta en que la semiótica intenta formalizarse progresivamente al tiempo que busca nuevos objetos.

Pero la creación de la AIS viene precedida, como cabía esperar, del desarrollo de una filosofía del lenguaje que ha influido de un modo decisivo en los primeros investigadores del signo lingüístico y del signo en general. Ya hemos dicho más arriba (Cfr. 0.2) de que los problemas del lenguaje lo fueron también de la filosofía preocupada desde antaño por la lengua como vehículo de expresión adecuado para exponer y transmitir las conclusiones de la investigación.

Hagamos, aunque sea brevemente, un poco de historia.

El término *Semiótica* proviene del griego *semiotic* 'significar'. La semiótica tiene su origen en el ámbito de la medicina griega y se empleó para referirse a la diagnosis a partir de los síntomas corporales[52]; fue utilizada por los filósofos estoicos para incluir también la lógica y la epistemología[53]. La evolución helenística de la semiótica fue preparada por los análisis de Aristóteles, que a su vez aprovechó las ideas de Platón y de los sofistas.

Luego vendrá San Agustín (354-430) que en su obra *De la dialéctica* hablará del signo; *la palabra es el signo de una cosa*, dice textualmente. Su análisis del lenguaje se asemeja en algunos puntos al de la semiótica. Para el Santo de Hipona la lengua es un conjunto de signos. De Boecio (480-524) pasó a la Europa medieval por los esfuerzos de Pedro Abelardo (1079-1142), Rogelio Bacon (1214-1294) y otros estudiosos, teólogos y filósofos medievales, a partir del siglo XIII en que el interés por la lengua orienta las investigaciones lógicas, se ocuparán desde todos los ámbitos del saber del análisis de los signos[54] y, consiguientemente, de la

---

[52]   Fue Galeno en el siglo II uno de los primeros que utilizó el término *semiótica;* recopiló todo el saber médico de la antigüedad. Su teoría sobre los humores ejerció una influencia decisiva hasta el siglo XVII. Precisamente el DRAE recoge como primera acepción de semiótica la etimológica, es decir, «parte de la medicina que trata de los signos de las enfermedades desde el punto de vista del diagnóstico y del pronóstico»

[53]   Sobre la doctrina de los signos y el modelo estoico del signo, véase Eco (1988 [1984]: 38-42).

[54]   Wilhelm de Ockham (1290-1349), por ejemplo, dice que signo es «todo lo que una vez aprehendido, hace conocer otra cosa». Coincide exactamente

semiótica. El afán por establecer un método universalmente válido para todas las ciencias, las gramáticas especulativas que se centran sobre las categorías de la lengua y sobre la significación y sus modos (*modistae*) o funcionamiento semántico del signo, el valor de los universales y sus implicaciones lógicas y lingüísticas conducirán al mismo sitio: la lengua como sistema de comunicación entre los humanos.

En los tres siglos siguientes, XVI-XVIII, filósofos de la talla de Thomas Hobbes (1588-1679), como es el escocés David Hume (1711-1776), además del obispo, filósofo y matemático, George Berkeley (1685-1753), que dejó sentir su influencia en Yale y Harvard, se ocuparon todos ellos de la semiótica. Una de las figuras centrales en la historia de la semiótica es Gottfried Wilhelm Leibniz (1646-1716). En su obra aparece una nueva dirección del estudio del lenguaje por medio del impacto de las matemáticas; el cálculo lo considerará como una parte de su teoría de los signos. El francés Jean Henri Lambert (1728-1777) será el primero que publicará una obra en cuyo título figura la palabra *semiotik*. Lambert, referencia constante para Peirce, presenta en su obra un espacio de maniobra extremadamente amplio: no se limita a los signos verbales, sino que insiste, al mismo tiempo, en la importancia de la gestualidad, del lenguaje de la música, de las fórmulas químicas o matemáticas, etc.[55].

El término *semiótica* como ciencia de los signos y de las significaciones le corresponde a John Locke (1632-1704), que lo introdujo a partir de la lógica concebida por él mismo como ciencia del lenguaje. En su obra *Essay concerning human understanding* (1690) establece tres áreas para la ciencia, a la tercera de las cuales denomina la *doctrina de los signos*, cuyo objetivo es considerar la naturaleza de los signos de los que hace uso el espíritu para el entendimiento de las cosas o para transmitir a otros su conocimiento. A partir de esta fecha la lógica, en el sentido etimológico de ciencia del lenguaje y que Locke identifica con semiótica, no es más que una de las ramas de la semiótica.

Los estudios del lenguaje, unidos desde antiguo a la filosofía, sobre todo, a partir de la lógica, seguirán estando en el centro de las

---

con la definición que varios siglos después dará Charles Sanders Peirce, que iluminará el «hacer» semiótico de muchos investigadores de alrededor del mundo.

[55]   Para un resumen realizado con cierta profundidad, véase en la Bibliografía el libro de Carmen Bobes Naves (1989: 49-64).

especulaciones filosóficas. Los filósofos son cada vez más conscientes de que sea cual fuere el enfoque que hacen de la naturaleza y el alcance de la filosofía, su explicación y elaboración pública dependen del uso que a su vez se haga del lenguaje. A pesar de que, como decimos, la investigación sobre la lengua ha ido unida a la filosofía hasta prácticamente el siglo XIX, conviene no confundir al lingüista con el filósofo del lenguaje. Éste centra su preocupación e investigación en la estructura formal de las frases de una lengua, mientras que el filósofo atiende a la estructura lógica y a las posibilidades de deducción de las proposiciones que expresan las ideas. De la misma manera, la semántica filosófica considera el lenguaje como un instrumento del conocimiento: es una lógica del signo, frente a la semántica del lingüista, cuya lógica es de tipo sociológico en cuanto que constituye un instrumento de comunicación. Los filósofos interesados al principio por aspectos puramente formales del lenguaje (sintaxis), con posterioridad, no tuvieron más remedio que ocuparse de la significación (función significativa), naciendo así la semántica lógica o semiótica.

Con estas preocupaciones, y partiendo de Locke, dos siglos después Charles Sanders Peirce (1839-1914)[56], que como Locke identifica lógica con semiótica[57], marca el punto culminante en su producción teórica.

---

[56] Escribió Charles Sanders Peirce (1839-1914), uno de los grandes pensadores de los dos últimos siglos, entre 1857 y 1914, una monumental obra que recopilada abarcaría más de un centenar de volúmenes, aunque ciertamente no publicó nada más que *Photometric Researches* (1878). Escribió alguna otra obra más que no llegó a publicarse. El resto son casi un centenar de artículos sobre las más diversas materias, recensiones y borradores de libros, que sólo existen de forma manuscrita. La primera publicación que se hizo de Peirce fue *Collected Papers of Charles Sanders Peirce*, 6 volúmenes, editados por C. Harsthorne y P. Weis entre 1931 y 1935. Hasta 1958 no saldrán a la luz los restantes 8 volúmenes que componen la colección, y de la que se han valido la mayor parte de los traductores de la obra de Peirce. El fondo principal de su obra está en la Houghton Library de la Universidad de Harvard, aunque una gran parte se puede encontrar en diversas universidades americanas. En el apéndice bibliográfico de los *Collected Papers existe* una enumeración casi exhaustiva de todos sus trabajos.

[57] «La lógica, en su sentido general, es, como creo haber demostrado, sólo otro nombre de *semiótica* (*gr.* semeiotic), la doctrina cuasi-necesaria, o formal de los signos» (*Collected Papers*, 227 [1974: 21]).

Concibe la ciencia de los signos como la teoría de la naturaleza esencial y de la variedad fundamental de toda semiosis posible[58]; se reconoce a sí mismo, según sus propias palabras, como pionero en el establecimiento de la ciencia de los signos. Sus palabras no se prestan a equívoco:

> «I am, as far as I know, a pioneer, or rather a backwoodsman, in the work of clearing and opening up what I call semiotic, that is, the doctrine of the essential nature and fundamental varieties of possible semiosis […]» (*Collected Papers*, 5.488, citado por Eco (1986[3] [1968]: 29).

Según Émile Benveniste se dedicó toda su vida a la elaboración del concepto de semiótica, un concepto al margen de la lengua, pues parece que no le interesaba en absoluto como algo específico diferente de los otros signos[59].

Él, que al principio definirá la lógica como la ciencia general de los *símbolos* con sus objetos, pasará después a ampliar sus estudios e incorporar todos aquellos temas que podían tener alguna conexión con la lógica, saliéndose así de los límites de los símbolos e incluso yendo más allá de las relaciones de los signos con los objetos hasta extender sus estudios -como dice textualmente- «a toda la Semiótica general».

---

[58]   Recuérdese que la *semiología* es para Saussure «una ciencia que estudia la vida de los signos en el seno de la vida social». Nosotros adoptamos en este libro el término *semiótica* (equivalente a semiología) para atenernos a la AES (Asociación Española de Semiótica), que a su vez la adaptó de la carta constitutiva de la IASS (International Association for Semiotic Studies) en 1969.

[59]   «Por lo que concierne a la lengua, Peirce no formula nada preciso ni específico. Para él *la lengua está en todas partes y en ninguna*. Jamás se interesó en el funcionamiento de la lengua, si es que llegó a prestarle atención. Para él la lengua se reduce a las palabras, que son por cierto signos, pero no participan de una categoría distinta o siquiera de una especie constante» (1987 [1974]: 48).

Peirce todo lo ve bajo el prisma semiótico[60]. Así se lo manifestaba a Lady Welby[61] en una larguísima carta escrita el 23 de diciembre de 1908:

> «Debe usted saber que, desde el día en que, a los doce o trece años, encontré en la habitación de mi hermano mayor un ejemplar de la *Lógica* de Whately y le pregunté qué era la lógica, y, al tener una respuesta simple, me eché al suelo y me hundí en el texto, nunca más pude, desde ese día, abocarme al estudio de nada -ya fuera matemáticas, ética, metafísica, gravitación, termodinámica, óptica, química, anatomía comparada, astronomía, psicología, fonética, economía, historia de la ciencia, juegos de naipes, hombres y mujeres, vino, metrología-, salvo como un estudio de semiótica» (1987: 143).

Y unos años antes, en 1887, definía el signo como una relación triádica, cuya alusión a la realidad externa parece evidente. Introducida a través de una estructuración bipolar del signo parece referirse a toda una tradición filosófica. He aquí el texto en cuestión:

---

[60] Roman Jakobson, en el discurso de clausura del *Congreso de Antropólogos y Lingüistas*, celebrado en la Universidad de Indiana en 1952, se refería al fundador de la semiótica con estos términos: «Peirce no solamente indicó la necesidad de la semiótica, sino que, además, esbozó sus líneas esenciales. Sus ideas básicas y sus procedimientos relativos a la teoría de los símbolos y en particular de los símbolos lingüísticos, cuando se estudien diligentemente, nos proporcionarán unas bases fundamentales para la investigación del lenguaje en relación a los demás sistemas de signos»

[61] Lady Viola Welby era una aristócrata inglesa, ahijada de la reina Victoria, que había conocido a Peirce por unos artículos que se publicaron en el *Baldwin Dictionary*; decidió enviarle un ejemplar de su obra *What is Meaning?* (1903). Peirce le hizo una muy elogiosa reseña en *The Nation*, lo que propició el inicio de una relación epistolar que duró hasta 1911. El conjunto de las cartas constituye el *corpus* básico de toda su doctrina semiótica y está recogido en *Semiotic and Significs*, editado en 1977 por C. Harfwick, Indiana Univ. Press, Bloomington. Lady Welby propuso el nombre de *Significs* («Significa») para el estudio de los signos. A ella se debe la la redacción del artículo sobre dicho tema de la *Enciclopedia Británica*.

> «Un signo o representamen es algo que representa algo para
> alguien en algún aspecto o carácter. Se dirige a alguien, es
> decir, crea en la mente de esa persona un signo equivalente
> o, quizás aún, más desarrollado. A este signo creado, yo lo
> llamo el Interpretante del primer signo. El signo está en lugar
> de algo, su Objeto. Representa este Objeto no en todos sus
> aspectos, pero con referencia a una idea que he llamado a
> veces del Fundamento del representamen» (*Collected Papers*,
> 2.228 [1987: 244-245]).

La semiótica peirceana se inicia a partir de un postulado metodológico muy general, centrándose en una actitud de rechazo del intuicionismo, cuya doctrina permite alcanzar el absoluto y que representa el polo opuesto del positivismo científico. Peirce aboga por la abducción o inferencia, que se erige en su sistema filosófico como instrumento científico rector junto con la deducción y la inducción[62].

Si como es, en efecto, Peirce marca el punto culminante en su producción teórica sobre la ciencia de los signos, sin embargo, el término *semiótica* lo divulgó Morris (1901-1979), asumiéndolo más tarde el filósofo y lógico Rudolf Carnap (1942)[63] (*Círculo de Viena*), que, junto con él y con Bloomfield (1933), intervino en 1939 en la redacción de la *International Encyclopaedia of Unified Science*, hasta que ulteriormente, el mismo Morris la volvió a formular (1946) en el ámbito de su teoría

---

[62]   En realidad, en la lógica formal, el concepto de 'inferencia' (< deriv. *inferre* 'llevar hacia' [adelante un razonamiento]) es la operación lógica mediante la cual se saca de una o de varias proposiciones la consecuencia que resulta necesariamente de las mismas. En efecto, tanto la *deducción* como *inducción* son dos tipos de razonamiento, que consiste, el primero, en el paso de lo implícito a lo explícito, es decir, dada una o varias proposiciones sacar otra que es la consecuencia necesaria de aquéllas. La *inducción*, por el contrario, es un razonamiento recapitulativo o, lo que es lo mismo, la afirmación de un género lo que se sabe pertenece a cada una de las especies de dicho género.

[63]   Carnap, que había conocido a Morris en Viena en 1934, en su *Biografía Intelectual* dice lo siguiente: «En chicago, Ch. Morris estaba muy próximo a mis ideas filosóficas. Intentaba combinar las ideas del pragmatismo y del empirismo lógico. Gracias a él conseguí comprender mejor el pragmatismo y en particular a Mead y Dewey» (Cfr. Schilpp, P.A. (eds.), 1963: 34).

conductista de los signos. Morris en sus *Fundamentos* (1994² [1938]), preparados, precisamente, para la *Enciclopaedia*, afirma que:

> «La semiótica proporciona una lenguaje general aplicable a cualquier signo o lenguaje especial, y aplicable también al lenguaje de la ciencia y a los signos específicos que ésta utiliza» (pág. 25).

> «[...] un lenguaje se caracteriza completamente a su vez cuando se enumeran las reglas (que posteriormente llamaremos sintácticas, semánticas y pragmáticas) que gobiernan los vehículos sígnicos» (págs. 37-38).

> «[...] cualquier término de la sintaxis, la semántica o la pragmática es un término semiótico; en un sentido restringido, sólo son semióticos aquellos términos que no pueden definirse aisladamente en ninguno de los diversos campos componentes» (pág. 87).

Y en su obra *Signos, lenguaje y conducta*, para aclarar estos términos se vale del texto de Carnap, que aparece en la página 9 de *Introduction to Semantics* (1942):

> «Si en nuestro estudio hacemos referencia explícita a quienes hablan o, en términos más generales, a quienes usan un lenguaje, entonces lo colocamos en el terreno de la pragmática [...]. Si dejamos a un lado al hablante, para analizar solamente las expresiones del lenguaje y sus designados, estamos en el terreno de la semántica. Y, por último, si también descuidamos los designados y analizamos solamente las relaciones entre expresiones, haremos sintaxis (lógica). La ciencia toda del lenguaje, con inclusión de las tres partes mencionadas, recibe el nombre de semiótica» (pág. 240).

Morris sostiene que las lenguas son analizables desde los tres puntos de vista, pero ninguno, particularmente, consigue abarcar la caracterización semiótica. Todo proceso semiótico reconoce la tridimensionalidad:

- perspectiva *formalista* (sintaxis), que estudia las relaciones de los signos entre sí haciendo abstracción de cualesquiera otras relaciones. Se centra en los sistemas axiomáticos independientemente de la denotación;

- perspectiva *empirista* (semántica), dimensión que se ocupa de la relación de los signos con los objetos que ellos denotan), lo que a juicio de Morris presupone el lenguaje de la sintaxis, de una manera particularmente evidente cuando se trata del sistema de la lengua;

- perspectiva *pragmática*, que permite observar la lengua como actividad comunicativa de naturaleza social por medio de la cual los miembros de un grupo pueden satisfacer exigencias de comunicación comunes e individuales. En este sentido, debe ocuparse de todos los fenómenos psicológicos, biológicos y sociológicos que se presentan en el funcionamiento de los signos[64].

Así, como acabamos de indicar, nace la Semiótica como ciencia de los signos. Hemos señalado más arriba que la *Semiótica* como disciplina del estudio de los signos del lenguaje humano ya fue esbozada por Ferdinand de Saussure, que al centrar su estudio en la *langue* como sistema de signos, crea una línea de estudios semiológicos de base eminentemente lingüística. Se desarrolla con posterioridad, vinculada, como no podía ser de otra manera, al estructuralismo lingüístico en cuanto método de estudio. En la misma línea, en Francia y de la mano y la mente de Roland Barthes, inicia como *Semiología* una nueva andadura en la historia de la ciencia de los sistemas de signos, aunque invirtiendo los términos, es decir, considerando la semiología como una parte de esa ciencia más general, que es la lingüística.

Decíamos que nace asociada al estructuralismo lingüístico, pero trascendiendo las limitaciones de la metodología estructuralista. Recuérdese que el estudio estructural se centra en las puras relaciones establecidas entre los signos, prescindiendo de cualquier otra relación al margen de los propios signos lingüísticos. Es decir, que parte de una concepción del signo que lo sitúa en una red de relaciones estable, llegando únicamente a unos conocimientos determinados, cuya finalidad es fijar el sistema en el que cada unidad puede ser integrada. De ahí que

---

[64]   Para el desarrollo de la Pragmática, véase el capítulo siguiente (I.2.2., págs. 62 ss.).

el estructuralismo en ésta su versión «clásica», que es un estructuralismo estático, se muestra imposible de ir más allá del sistema. Se agota en sí mismo al llegar a la semántica, resultando absolutamente impensable en el plano de la pragmática. El inmanentismo estructural deberá ser superado y ello llevará a la Semiótica (o Semiología) a ampliar su objeto, aplicando métodos nuevos que le permitan el conocimiento del signo, no sólo en sus posibilidades sistemáticas, sino en cualquier relación que le permita llegar a la interpretación última del signo lingüístico puesto en funcionamiento. De esta manera se abre la posibilidad de proponer modelos que expliquen el funcionamiento del lenguaje, convirtiendo por otra parte la Semiótica en una disciplina que se nutre de otras investigaciones que tienen como objeto de estudio el signo, lingüístico o no, pero al fin y a la postre, el signo como elemento de comunicación.

Cuando hace unos treinta y cinco años, exactamente en 1964, en l'École Pratique des Hautes Études de París, Roland Barthes afirmaba que «la semiología no ha sido aún edificada [lo que hace] comprensible que no exista ningún manual acerca de este método de análisis» (1974³ [1970]: 17) se refería a esta disciplina como ciencia de los signos, establecida tal como hoy la entendemos aplicada al análisis del lenguaje como sistema de comunicación. Bien sabía el lingüista francés que los estudios sobre el signo contaban con una larga tradición de siglos, tal como más arriba hemos recordado, en cuyo estudio se intuía con una cierta claridad muchos de sus desarrollos posteriores. Era consciente Roland Barthes de que el término *semiótica* era viejo, aunque aplicado en principio al campo de la medicina. Será precisamente él quien comience una nueva época en la historia de la ciencia de los sistemas de signos, y lo hará con con su obra *Eléments de Sémiologie*, que apareció en *Communications* Nº 4 (1964)[65], dedicado íntegramente al análisis semiológico de distintos lenguajes sociales. La línea investigadora de Barthes, para el que todos los objetos humanos por el hecho de cumplir una función se convierten automáticamente en signos, cuya peculiaridad consiste en añadir una significación acumulada por su relación con el hombre y su entorno histórico, profundiza en la investigación saussureana dentro del ámbito lingüístico[66], hasta llegar a postular una semiología de la comunicación

---

[65]   Nosotros citamos por la versión española de Alberto Corazón (1971).

[66]   «Prospectivamente -puesto que no está todavía constituida-, la semiología tiene como objeto todo sistema de signos, cualquiera sea su sustancia,

intencional o de la significación y, consiguientemente, restringida a los sistemas codificados[67].

Merece la pena mencionar los estudios semióticos en la Unión Soviética dada su peculiaridad, estudios que se iniciaron a principios de siglo por lingüistas de formación. El rasgo específico de dichas investigaciones en Rusia es que mientras en Occidente los distintos sectores de las ciencias sociales se encuentran más bien aislados entre sí, estos mismos sectores en Rusia están unidos por la influencia lingüística común en la medida en que se reconocen como semióticos. Sin embargo, aunque admiten que la lingüística es la parte más elaborada de la semiótica, se ocupan del estudio de los sistemas de signos independientemente de la orientación peirceana o saussureana.

El comienzo de la semiótica soviética hay que situarla en los estudios sobre el vestido popular ruso, trabajo realizado por Bogatirev en los años 20 y más que tarde, en colaboración con Roman Jakobson, escribió un artículo sobre «El folklore como forma de creación humana» (1929), texto en el que aparecen algunos principios semióticos fundamentales. Pero fue sobre todo Roman Jakobson quien influyó en la semiótica contemporánea, y de una manera particular -es lo que aquí nos interesa ahora- en Jurij M. Lotman, el máximo exponente de la semiótica soviética, cuya labor desarrolló especialmente desde su cátedra de literatura rusa en la universidad de Tartu. Jakobson descubre en EE.UU. a Peirce, del que toma la famosa triada sígnica, dando lugar a las diversas tipologías sígnicas, que también vamos a encontrar en la URSS. El otro gran descubrimiento fue la lectura de la obra de Cl. Shannon y W. Weaver,

---

cualesquiera que sean sus límites: las imágenes, los gestos, los sonidos melódicos, los objetos y los complejos de sustancias que se encuentran en los ritos, los protocolos o los espectáculos constituyen, si no verdaderos «lenguajes», por lo menos sistemas de significación […]; todo sistema semiológico se mezcla con el lenguaje. […] Parece cada vez más difícil concebir un sistema de imágenes u objetos cuyos *significados* puede existir fuera del lenguaje […], y el mundo de los significados no es más que el del lenguaje» (Cfr. Barthes, 1974³ [1964]: 11, 12).

[67]   Sobre la relación del estructuralismo con la Semiología, así como los diferentes enfoques del signo y la posibilidad de proponer modelos que expliquen su funcionamiento, véase en la Bibliografía el libro de Carmen Bobes Naves (1989).

The Mathematical Theory of Communication, aparecida en 1949, que propició su introducción en el campo ruso, abriendo así la posibilidad de medir en términos cuantitativos y estadísticos la información de un mensaje y analizar su significado, lo que propiciará, en palabras del propio Weaver, la elaboración de una teoría del significado. Los estudios sobre la capacidad de información transmitida y la medición de la entropía en el lenguaje coadyuvó en el estudio estructural de los sistemas sígnicos, dando comienzo en los años 60 a la era semiótica de la escuela soviética.

Con los anteriores precedentes, en 1958 se celebró en Moscú una conferencia sobre traducción mecánica, a la que acudieron también los que se ocupaban de la lingüística estructural en general. Se trataron temas sobre aspectos semióticos aplicados a la traducción mecánica, aunque más tarde la semiótica en sus análisis prescindió de ella, recibiendo al mismo tiempo influjos de la mitología y la lingüística histórico-comparada. Así se llega a los años 60 en que la investigación en este campo adquiere un carácter más sistemático, centrándose exclusivamente en el lenguaje. En 1961 se celebran varias conferencias centradas en cuestiones relacionadas con la semiótica, que van a servir de preparación al primer simposio sobre semiótica, celebrado en Moscú a finales de 1962, que en la práctica vino a ser una especie de declaración programática. A partir de este momento, el foro principal de discusión de problemas de la semiótica se realizó en la universidad de Tartu, en donde tuvieron lugar una serie de conferencias y planteamientos generales del análisis semiótico de los llamados sistemas secundarios de modelización, lo que despertó el interés por los sistemas mitológicos y religiosos. Lotman será su artífice y principal investigador; el signo para él ya no es la relación de un significante con un significado, sino que lo concibe como una unidad cultural entera. Y la cultura interviene y se caracteriza como un sistema de signos organizados de un determinado modo. Lotman ha incorporado un aspecto nuevo, la semiótica, a una rica tradición culturológica de la ciencia rusa[68]. Las investigaciones sobre las coordenadas fundamentales

---

[68] La semiótica de la cultura ha generado una serie de artículos escritos entre 1970 y 1974 por autores pertenecientes a la Universidad de Tartu (AA.VV., 1979). Sin duda la figura más destacada fue Jurÿ M. Lotman, director de la Revista *Semeiotike*. Cabe destacar también a Mijail Bajtin, que con la misma orientación de investigación escribió el libro titulado *La cultura*

del mundo que se reflejan también en la estructura de los textos son una de las posibles formas de interpretar semióticamente los problemas de la cultura y del texto.

Además de Jurij Lotman otros autores, como es el caso de Boris A. Uspenskij, han continuado las investigaciones sobre posibles correlaciones entre sujeto y texto, así como el análisis del mito y la fábula. Los trabajos surgidos a raíz de las diferentes reuniones científicas han ido apareciendo en diversas publicaciones[69].

2.2. Semiótica y Pragmática lingüísticas

Después de casi veinticinco años el uso del término *pragmática* se ha afirmado de una manera definitiva en la literatura lingüística como denominación de una de las ramas de las ciencias del lenguaje. El punto de partida de la pragmática es la reflexión y los trabajos surgidos de la filosofía del lenguaje, y más concretamente arranca de una serie de conferencias dadas en la Universidad de Harvard, especialmente la impartida por John Austin en 1955, y las de Paul Grice en 1967. Austin introdujo una noción que será central para la pragmática; nos estamos refiriendo a la noción de *acto del lenguaje*: el lenguaje en la comunicación pasa de la descripción a la acción; con el lenguaje en uso realizamos actos. Por su parte Grice hablará de principios o reglas que regulan el intercambio comunicativo sin las cuales no existiría dicha comunicación. Tanto los trabajos de Austin como los de Grice han propiciado numerosas publicaciones científicas de orientación filosófica, lingüística, lógica, sociolingüística, etc., que han hecho avanzar el conocimiento de las lenguas naturales, sobre todo en su uso y, en definitiva, en el aspecto pragmático.

Digamos que la consideración de la Pragmática, o mejor su institucionalización como campo de estudio, se produce con la aparición en 1977 del primer número de *Journal of pragmatics* en Holanda. Su autonomía científica la va adquiriendo en años sucesivos. La *Asociación Internacional de Pragmática* se constituye en 1986, y un año después aparece una extensa bibliografía sobre el tema. Dos revistas más,

---

popular en la Edad Media y en el Renacimiento, sobre la obra de Rabelais, obra fundamental para al análisis semiótico de los signos.

[69]   Véase a este respecto el artículo de D. M. Segal (1979 [1973]: 225-245), recogido en la Bibliografía.

Pragmatics y *Pragmatics and cognition*, nacen respectivamente en 1992 y 1993.

Hasta la fecha se han celebrado seis congresos internacionales: Italia 1985, en el que participaron más de 300 estudiosos del tema; Amberes en 1987 y Barcelona 1990 registraron un número de participantes superior a los 700. El último en Reims (Francia) en Julio de 1998. La 7ª Conferencia Internacional de Pragmática se celebrará en Budapest en julio de 2000.

Laurence R. Horn en 1988 hablaba de la maduración de la Pragmática como disciplina a raíz de la aparición del libro de Levinson (1983), que lo considera con un buen instrumento de trabajo, como puede colegirse de sus palabras:

> «If the coming of age of an academic discipline is at least partly conditioned on the emergence of a broad, comprehensive, intellectually honest, and pedagogically sound introductory textbook, pragmatics is in pretty good shape. With the publication of Levinson (1983), we have a text for pragmatics that is superior to any extant analog for its 'mother discipline' semantics, and compares favorably with standard texts in phonology and syntax [...]. Like other branches of linguistics of undoubted legitimacy, pragmatics has both its 'pure' theoretical side [...] and its applications: speech act theory has been successfully (and unsuccessfully) applied to the study of metaphor and fiction» (Horn,1989: 113).

Pero vayamos ya al concepto y a las implicaciones filosóficas del término *Pragmática*.

Es un término que tiene carácter interdisciplinario. La filosofía, la lingüística, la sociología, la antropología, la psicología hablan de ella.

El DRAE registra los términos *pragmática* y *pragmaticismo*, vocablos ambos que proceden del griego *pragma* (gen. *prágmatos*) 'hecho, acción' (< de *prassein* 'hacer').

Peirce (1839-1914), fundador de la semiótica contemporánea en el ámbito filosófico, como hemos señalado más arriba, fue quien introdujo por primera vez el término *Pragmatismo*[70], con el que designaba su

---

[70] El Pragmatismo nace en el mundo angloamericano como protesta decidida contra el idealismo. Enlaza con el empirismo inglés y con sus

propia filosofía, en 1878 en un ensayo titulado «Cómo hacer claras nuestras ideas» (1971 [1878]: 55-88)[71]. Precisamente el DRAE lo recoge con esta misma acepción[72]. Sin embargo, la difusión del término fue obra de William James (1842-1910) quien difundió el término a través de su famosa obra, *Pragmatismo* (1907), como doctrina continuadora de Peirce, pero habiendo añadido a la idea original un sentido de voluntariedad e irracionalidad.

Existen diversas orientaciones de esta ciencia filosófica, aunque todas ellas convergen en una concepción interactiva y dinámica de la conciencia, que supone un proceso interpretativo de los datos que llegan a la conciencia. Este proceso interpretativo conlleva una «manipulación» de la experiencia produciendo y transformando los hechos por medio de los conceptos. Estas son las ideas que inspiraron el pragmatismo americano que, aunque no tuviera mucho que ver con el lenguaje, estaba abierto a las primeras elaboraciones de la pragmática lingüística, que se ve impelida a reconocer una deuda intelectual con todos estos filósofos

---

dos derivaciones: el evolucionismo y el utilitarismo. En su teoría central de la reducción de lo verdadero a lo útil, el pragmatismo es, en efecto, una extensión del utilitarismo ético aplicado al campo gnoseológico. Por otra parte, quieren entroncar con los sofistas griegos, en especial con Protágoras. Los filósofos de este movimiento son Charles Sanders Peirce (1839-1914), Willians James (1842-1910), F.C.S. Schiller (1864-1937) y John. Dewey (1859-1952). El pragmatismo no se ocupa de indagar la verdad de las doctrinas, sino de determinar la utilidad de las mismas para la vida práctica al ser aceptadas como verdaderas o como falsas.

[71]   Este trabajo apareció en *Popular Science Monthly*, XII en enero de 1878, págs. 286-302. Había sido escrito originariamente en francés a bordo de un vapor, que en septiembre de 1877 llevaba a Peirce a Europa (*Revue philosophique* VII). Este artículo y *La fijación de la creencia* (*Revue philosophique* VI) constituyen el ensayo titulado *Mi alegato en favor del pragmatismo*, cuya versión en español de Juan Martín Ruiz-Werner apareció en 1971 y a la que nos referimos.

[72]   «Método filosófico, según el cual el único criterio válido para juzgar de la verdad de toda doctrina científica, moral o religiosa, se ha de fundar en sus efectos prácticos».

americanos, y no sólo Charles S. Peirce, sino además George Herbert Mead[73], entre otros. (Véase nota 70).

Es innegable que entre el pragmatismo filosófico y la pragmática lingüística existen intersecciones intelectuales que convergen en el problema del significado, de la verdad y de la creencia, y se extienden a las implicaciones morales y sociales de la conciencia y de la acción.

Según hemos recordábamos más arriba (cfr. I.2.2., págs. 80 ss.), cuando Charles Morris publica en 1930 sus *Foundations*, en ese proyecto de unificación de la ciencia, lo hace con la intención de proporcionar la base a una teoría del lenguaje que cumpla tres condiciones: que sea general, homogénea y adecuada. Una de las tres partes que comprende la Semiótica está constituida por la *pragmática*, una vía de acceso al lenguaje entendido como forma de comportamiento humano.

No sólo para Morris, sino para todos los filósofos del lenguaje, y para los lingüistas en general, el término *Pragmática* entra como uno de los componentes de la Semiótica, junto con la *Sintaxis* y la *Semántica*, triple clasificación que se remonta a Peirce:

> «Los signos pueden dividirse según tres tricotomías: primero, según que el signo en sí mismo sea una mera cualidad, un existente real o una ley general; segundo, según que la relación del signo con su objeto consista en que el signo tenga algún carácter en sí mismo o en alguna relación existencial con ese objeto, o en su relación con un interpretante; tercero, según que

---

[73] Como filósofo y psicólogo americano que ha elaborado una psicología social y de comportamiento inspirada en el pragmatismo, Mead trabajó con los mayores exponentes del empirismo lógico (o neopositivismo), movimiento filosófico promovido en Viena por pensadores de la talla de Otto Neurath 1882-1945), Hans Reichenbach (1891-1953), Rudolf Carnap (1891-1970) y Ludwig Wittgenstein (1899-1954). Charles Morris, su discípulo, en la «Introducción» a una de las mejores obras de Mead, *Espíritu, persona y sociedad*, aparecida en 1934, dice que «En el terreno filosófico, Mead era un pragmatista; en el científico, un psicólogo social. Pertenecía a una antigua tradición -la de Aristóteles, Descartes y Leibniz, de Russell, Whitehead y Dewey- que no ve ninguna aguda separación, ningún antagonismo, entre las actividades de la ciencia y de la filosofía, y cuyos miembros son, ellos mismos, hombres de ciencia y filósofos» (1982: 23).

su interpretante lo represente como un signo de posibilidad o como un signo de hecho, o como in signo de razón» (*Collected Papers*, 2.243 [1987: 249]).

Refiriéndose a los tres aspectos señalados que abarcan la semiótica (sintaxis, semántica, pragmática) y desde los cuales las lenguas deben ser analizadas, Morris en *Fundamentos* dice que «La siguiente y simple fórmula, $L = L_{sin} + L_{sem} + L_p$, ayuda a clarificar la situación» (1994² [1938]: 38).

A pesar de la separación, aparentemente tajante, entre los tres niveles de análisis, sobre todo en los *Fundamentos*, sin embargo, Morris en *Signos, lenguaje y conducta* abandona la distinción entre sintaxis, semántica y pragmática y aprovecha la ocasión para extender la dimensión pragmática a la totalidad del lenguaje. Para ser exactos y rigurosos, debemos decir que habla de la semiótica (1962 [1946]: 241) y no de la pragmática, pero si analizamos todos y cada uno de los términos que constituyen la armadura conceptual nos encontramos indudablemente con elementos específicamente pragmáticos (intérprete, interpretante, verificación, etc.), ya que se refiere a aspectos de la semiosis que tienen que ver con el uso de los signos.

Morris reconoce factores pragmáticos tanto en la combinación sintáctica de los signos como de la semántica. De hecho existen signos que *no* denotan objetos; simplemente indican las relaciones de quien usa el signo con la situación descrita. Es el caso del uso del adverbio *desgraciadamente*. El hablante al utilizar esta palabra alude claramente a una situación, probablemente sabida por los interlocutores, y en ningún caso a un objeto. Es decir, el término lingüístico *desgraciadamente* lleva en su interior el elemento pragmático de la situación a la que hace referencia. Consecuentemente, la pragmática se infiltra en la estructura de la lengua en todos sus niveles de organización de los signos.

Para Morris las lenguas son sistemas sociales de signos que relacionan o conectan las respuestas de los miembros de una comunidad entre ellos y con su ambiente. Desde esta perspectiva, las reglas pragmáticas no son sino la explicitación de *costumbres de comportamiento* garantizadas por las respuestas que la colectividad aprende a formular cuando se usan reiteradamente determinados signos. Así, la costumbre del intérprete de usar un signo en determinadas circunstancias se convierte en el correlato pragmático de las reglas semánticas que especifican las condiciones de denotabilidad del signo.

Charles S. Morris, a diferencia de Rudolf Carnap, en lo que se refiere al contenido de la Pragmática, se centra en los efectos que los signos ejercen en sus intérpretes, ya que todo signo cuenta necesariamente con un interpretante que exige una disposición para una reacción. De ahí que el signo no puede ni debe ser considerado independientemente de los individuos, en cuya relación alcanzan su valor:

> «Los signos no se limitan a adquirir cierta significación en un momento dado, sino que poseen tal significación únicamente dentro de la historia de la vida particular de sus intérpretes [...]» (1962 [1946]: 207).

Carnap, sin embargo, en la definición de Pragmática adopta más asiduamente el punto de vista del productor del signo que el del receptor, considerando la pragmática como una disciplina empírica sin reconocer la posibilidad de una pragmática pura en consonancia con la semántica y la sintaxis puras. También en esta discusión, y partidario también de la tripartición de la semiótica, entra en el juego Yehoshua Bar-Hillel[74], defensor, por otra parte, de la aplicación del pensamiento de Carnap y otros semantistas lógicos al análisis de las lenguas naturales.

---

[74]   Bar-Hillel (1954), junto con Carnap, desarrolla la teoría de la información semántica, cuya idea básica consiste en que la información semántica, como la información de una señal, equivale a la eliminación de la incertidumbre. La cantidad de información se encuentra en relación inversa a la probabilidad de aparición de la señal portadora de dicha información. También, junto con otros lingüistas, desarrolla la gramática categórica (originada en la obra del lógico polaco Ajdukiewicz). El término *categórico* aplicado a la gramática tiene que obedecer a determinados desenvolvimientos en la filosofía. Los lógicos categóricos distinguen sólo dos categorías gramaticales *fundamentales* (oración y nombre). Los demás datos léxicos pertenecen a una categoría *derivada*.

Por otra parte, Bar-Hillel apunta que la pragmática se ha ocupado de aquellos aspectos que Peirce había denominado «expresiones léxicas», es decir, palabras o frases cuya referencia no se puede decidir sin conocimiento del contexto utilizado.

A pesar de las diferencias, Morris, Carnap y Bar-Hillel coinciden en que al margen de cualquier distinción entre semántica y pragmática puras, el análisis del significado en las lenguas naturales contendrá necesariamente consideraciones pragmáticas.

Y en esta primera mitad de siglo un filósofo austriaco, Ludwig Wittgenstein (1899-1954), perteneciente a la *Escuela de Oxford*[75], adopta una actitud de rechazo a la concepción tradicional según la cual las palabras denotan objetos o cualidades de los objetos, lo que hace que las lenguas se conviertan en meras nomenclaturas. Su doctrina del significado a través del *uso* dará paso a la teoría de los actos lingüísticos de John Langshaw Austin (1911-1960), como veremos a continuación. Es cierto que ambos filósofos difieren en lo que concierne al interés por el «lenguaje ordinario», que para Wittgenstein es nada más que el medio para alcanzar un fin específico, mientras que para Austin es un fin en sí mismo en cuanto que ayuda a resolver los problemas filosóficos. En todo caso, en muchos otros aspectos, sobre todo en el uso del lenguaje en general, existe una evidente proximidad de pensamiento entre los dos filósofos y eso es lo que aquí nos interesa.

Sin la pretensión de querer agotar el tema de las contribuciones filosóficas en la elaboración de la pragmática lingüística, es obligado citar al filósofo y sociólogo alemán, Jürgen Habermas (nac. 1929), que habla de «actuar comunicativo» que consiste en un actuar estratégico, racional en sus objetivos, lo que significa que el hablar está encajado en el actuar (razonable) y el actuar en el hablar. Habermas comparte con

---

[75]   Recuérdese que en la denominada *Escuela de Oxford* el «lenguaje ordinario» halló el terreno propicio para su desarrollo. El interés de los filósofos de Oxford por el lenguaje ordinario tiene antigua raíz aristotélica. Sin duda ninguna que todo cuanto en filosofía se ha producido en Oxford tiene a Aristóteles como inspirador. El filósofo griego fue admirado -según afirman algunos- no sólo por su falta de dogmatismo, sino además por los sucesivos planteamientos de los mismos problemas y por su disposición a valorar lo que contienen de verdad las posiciones divergentes. Aristóteles apela con frecuencia al lenguaje ordinario como criterio para formular distinciones esclarecedoras y para rechazar otras que no lo son. Los filósofos de la *Escuela de Oxford* son los deudores del denominado 2º Wittgenstein. Véase a este respecto, y también para el pensamiento de Wittgenstein sobre el uso del lenguaje, 0.2. *La inquietud filosófica por el lenguaje* de este mismo libro.

Wittgenstein la opinión de que hablar y actuar son momentos del mismo modelo del juego lingüístico. Está convencido de la posibilidad de una pragmática universal como teoría de la competencia comunicativa y las reflexiones elaboradas en el ámbito del materialismo alemán.

De la Escuela de Chicago[76] debemos mencionar los trabajos de Erving Goffman relativos al comportamiento verbal y a la interacción, referencia imprescindible en el enfoque teórico actual de la investigación pragmática. Para entender la teoría de Goffman hay que partir de la diferencia entre *análisis del discurso* y *análisis conversacional*, en lo lo que atañe al referente. Así, mientras el análisis del discurso utiliza el paradigma científico de la lingüística formal y utiliza sus métodos, el análisis de la conversación tiene su origen en la sociología interaccionista, que es la corriente representa por Goffman, entre otros. La tradición interaccionista ha desarrollado una serie de reflexiones sobre los ritos de la interacción, cuya manifestación más importante es la conversacional. Para Goffman el enfoque del estudio de la interacción está basado en la distinción entre lo que él denomina *restricciones del sistema*, que se refieren a las condiciones esenciales y necesarias que deben estar presentes para que el comportamiento, la interacción, llegue a término feliz, *restricciones rituales*, elementos no necesarios, pero sin embargo son ingredientes típicos de la interacción y, consiguientemente, deben estar presentes en el intercambio comunicativo (1981: 5-77)[77].

---

[76] La Escuela de Chicago se caracteriza fundamentalmente por su antimentalismo en la concepción del significado, que puede resumirse diciendo que cada palabra es algo nuevo que provoca una determinada reacción en el hablante y en el oyente. Así, el objeto de la semántica serán las reacciones y no las palabras. El más destacado representante de la Escuela de Chicago es el polaco Alfred Korzybski (1879-1950) con su teoría *semántica general*, que exportó a Estados Unidos. Fue un pésimo investigador, a juicio de algunos testimonios aportados por Adam Schaff (1960, original polaco. Citamos por la versión en español, 1973, cap. IV), aunque reconoce la validez de algunos de sus artículos. Entre otros críticos, que no sustentan esa misma opinión, reconociendo, por el contrario, una aportación valiosa al estudio del significado, debemos mencionar a Pierre Guiraud, 1976 [1955]: 91-99).

[77] «Replies and responses» apareció por primera vez en 1976 en *Language and Society*, 5: 257-313. La obra por la que citamos, *Forms of Talk,* constituye

A partir de los años cincuenta Goffman elabora un estudio teórico en el que se investigan a fondo numerosos instrumentos conceptuales de los que más tarde se apropiará la pragmática en el análisis del proceso comunicativo. Está convencido de que la sociología puede revelar aspectos sobre el lenguaje como entidad social, que ni la lingüística ni la filosofía del lenguaje son capaces de manifestar. Muchos y variados son los fenómenos estudiados por Goffman, entre los que cabe destacar el contexto en que el individuo, en el intercambio comunicativo, actúa como lo haría el jugador que acepta las reglas del juego y, en todo caso, cuando varían las circunstancias, sabe adaptarse desempeñando el papel adecuado para que funcione la comunicación. Todas las variables sociales, incluido el sexo, el país de origen y hasta la situación de bilingüismo influyen, y lo hacen de una manera sistemática en el comportamiento lingüístico (Goffman, 1964: 133-136).

Se trata de fenómenos que no se añaden simplemente a la gramática, sino que actúan como partes constitutivas en la construcción y estabilización de los significados en la situación interaccional.

Así, pues, dentro del campo de la filosofía del lenguaje, en la primera mitad del siglo XX, conceptos como 'uso', 'comportamiento', 'hábito' se vuelven cruciales en algunos sectores de la filosofía del lenguaje, que reflexionan sobre el significado de formas diferentes que después confluyen en la formación de los núcleos centrales de la pragmática lingüística.

La teoría de los Actos de Habla (A. de H.)

Austin en su teoría del significado parte de la afirmación de que hablar es siempre realizar una acción y a partir de ahí analiza y descompone el hecho de *decir algo* en al menos tres aspectos, como veremos enseguida. La teoría de los *utterance performative*[78] (emisiones

---

una recopilación de diferentes artículos escritos por Goffman entre 1974 y 1980

[78] John Langshaw Austin (1911-1960) mientras enseñaba en Oxford, en donde ejerció una enorme influencia a través de sus clases, conferencias, discusiones y reuniones científicas, elaboró su pensamiento en torno al lenguaje, que se plasmó sobre todo en una serie de conferencias que impartió en la Universidad de Harvard en 1955 como *William James*

realizativas), es decir, hacer cosas con palabras, que ése es su contenido, surgió como un revulsivo contra la convicción, instalada en el atomismo lógico, de que los enunciados lingüísticos describen o constatan hechos empíricamente verificables o falseables, creencia, a juicio de Austin, que impedía realizar un análisis completo y satisfactorio del lenguaje. Para resolver el problema, Austin divide los enunciados en dos tipos distintos: descriptivos y realizativos[79], lo que le lleva a crear una lista de verbos performativos capaces de explicitar la posible «fuerza» de los enunciados. Individualiza y especifica en el diccionario de la lengua inglesa, su objeto concreto de estudio y medio para verificar su teoría, un millar de verbos que reagrupa en cinco clases:

1. Verbos *veredictivos*, que son el resultado del ejercicio de un juicio (condenar, valorar, calcular, reconocer, interpretar).
2. *Ejercitativos*. Son los que hacer referencia al ejercicio de un poder, de un derecho o de una autoridad (votar, ordenar, elegir, despedir, excomulgar, multar, reclamar).
3. *Compromisorios*, que comportan la asunción de una obligación o la declaración de un propósito (prometer, suplicar, jurar, consentir, apostar, subscribir).
4. Las *expresiones de comportamiento* incluyen una reacción provocada por el comportamiento del interlocutor (disculparse, agradecer, congratularse, deplorar, felicitar, lamentarse).
5. Los *expositivos* son actos mediante los cuales se esclarecen razones, se conducen argumentaciones y se exponen concepciones y

---

Lecturer. Su estudio sobre las «expresiones performativas» (*performative utterances*) forman parte de *How to Do Tings with Words*, cuya primera edición póstuma es de 1962. Tras su muerte, los profesores J. O. Urmson y G. J. Warnock emprendieron la edición de su obra.

[79] «Sí, juro (desempeñar el cargo con lealtad, honradez, etc.), expresado en el curso de la ceremonia de asunción de un cargo. «Bautizo este barco *Queen Elizabeth*», expresado al romper la botella de champaña contra la proa. [...]. ¿Cómo llamaremos a una oración o a una expresión de este tipo? Propongo denominarla *oración realizativa* o expresión realizativa, o para abreviar, «un realizativo». [...]. Indica que emitir la expresión es realizar una acción y que ésta no se concibe normalmente como el mero decir algo». (Austín, 1971 [1962]: 46, 47).

proyectos (afirmar, negar, referir, citar, admitir, informar, acordar, objetar, deducir, explicar, concluir, ilustrar).

Los desarrollos sucesivos de los actos lingüísticos se deben, esencialmente, a los estudios americanos.

Para John R. Searle (nac. 1932)[80], alumno de Austin, la actividad lingüística, la pragmática en definitiva, no es sino un aspecto que la semántica debe integrar; es decir, que no hay dos tipos de estudio semántico diferentes, sino que el uno se integra en el otro. En su ensayo de filosofía del lenguaje, *Speech Acts. An essay in the philosophy of language*, publicado en 1969, sostiene como tesis básica que hablar consiste en realizar una serie de actos de acuerdo con unas reglas o, lo que es lo mismo, el que habla se somete a una forma de conducta regida por esas reglas, que dan cuenta de la fuerza ilocutiva de los actos de habla. Searle desarrolla de un modo más sistemático la teoría de los *actos de habla*, presentando una taxonomía alternativa a la de Austin de los actos ilocutorios. Para ello establece una distinción entre reglas *regulativas* («regulan formas de conducta») y reglas *constitutivas* (no regulan, sino que «crean o definen nuevas formas de conducta» [1980 [1969]: 42]): la creación de las reglas es la creación del lenguaje mismo.

Indudablemente la *teoría de los actos lingüísticos* ha contribuido sustancialmente al crecimiento de la *pragmática lingüística*, como también ha contribuido a ese mismo desarrollo la influencia de otros filósofos del lenguaje. Es el caso de H. Paul Grice con su ensayo «Meaning» (1957), revisada -y quizás una versión más complicada- en donde define el significado «no natural» como la intención del hablante de producir un determinado efecto. Este artículo se hizo célebre porque pone de manifiesto la importancia y el reconocimiento de la intención para que se produzca el acto comunicativo, aunque prescinde de las reglas y convenciones que han de determinar el significado de un enunciado, actitud que fue especialmente criticada por Searle. La *intencionalidad*

---

[80] El periódico ABC del sábado 29-1-2000 recoge la noticia de la concesión del «Premio Internacional de Ensayo Jovellanos» otorgado a John Searle, el primer extranjero que recibe dicho premio, por su obra *Razones para actuar*, en la que defiende la tesis de que las razones del ser humano o sus fines no existen previamente, sino que es el propio agente el que decide.

será un componente importante en la constitución de la pragmática como disciplina lingüística.

Grice, el Principio de Cooperación (P. de C.) y las Implicaturas

Aunque la teoría del «significado del hablante», a la que se añadirá también la teoría de las *implicaturas*, supone una aportación esencial al análisis del lenguaje, sin embargo, a Grice se le conoce principalmente por lo que se denomina el *principio de cooperación* o, lo que es lo mismo, en toda comunicación -y aquí tratamos de la comunicación lingüística- existe un acuerdo general de colaboración entre hablante y oyente, que obliga a ambos interlocutores a respetar una serie de máximas generales que especifican las convenciones a las que deben y suelen obedecer en la conversación. Entre estas reglas pueden citarse las siguientes:

Cantidad: Haga su actuación tan informativa como sea necesario y no la haga más informativa de lo requerido.

Cualidad No diga lo que cree que es falso; trate de que su actuación sca verdadera.

Modo: Evite la ambigüedad, la oscuridad de expresión. Sea breve y metódico.

Cada una de estas máximas constituye una convención que en la práctica suele tenerse en cuenta[81]. Así, por ejemplo, en un intercambio conversacional se espera por lo general que la persona que habla diga la verdad. Las conversaciones no seguirían el modelo que presentan habitualmente si se supiera o se supusiera que las distintas manifestaciones son falsas.

Grice apunta que la omisión de estas convenciones es lo que imprime flexibilidad en el mensaje que cabe expresar por medio de una simple oración.

La verdad es que en muchas ocasiones estas reglas no son respetadas. Y si no, piénsese en las muchas mentiras que suelen decirse y en las

---

[81] Un buen resumen sobre las *máximas de conversación* y el *principio de cooperación* de Grice, así como de otros aspectos, como es el de las *implicaturas* podrá encontrarlo el lector en la obra de Moeschler / Reboul, 1994: 204-209, 255-258).

conversaciones que cambian repentinamente de tema por la mera aparición de un juicio incoherente con lo que se está diciendo. En ocasiones, la violación de alguna de estas reglas es consciente, hasta el punto de que el hablante sabe que el oyente se percata de ello o trata incluso de hacérselo notar. Ante esta tesitura caben dos posturas:

1. *Usted miente; eso no es así o algo parecido*, en cuyo caso el Principio de Cooperación se viene abajo. Pero también puede optar por una segunda alternativa. Tomando por cierto que el hablante respeta el P. de C., razona del siguiente modo:
2. *Si mi interlocutor observa el P. de C. pero burla una máxima de manera que yo lo note, es que lo hace para transmitir alguna información extra que seguramente está de acuerdo con dicho P. de C; además, él sabe sin duda que yo puedo observar esta información.*

El propio Grice aduce el caso siguiente:

> *Un catedrático de Filosofía del que se solicitan informes sobre un ex alumno suyo para darle un puesto docente. Este profesor contesta con estas palabras:*
>
> *Muy Sr. mío: Jones domina perfectamente la lengua y ha asistido con regularidad a los seminarios. Atentamente suyo.*

Con ello el autor de la carta viola de una forma manifiesta la máxima de la Cantidad (si es que no viola la relación también), al facilitar una información tan absurdamente pobre. El receptor de la carta, ante esta desmesurada violación, no la rechazará probablemente sino que entenderá que el remitente está tratando de transmitirle una información distinta de la que expresa explícitamente la carta; esto es, la de que Jones no es bueno en Filosofía. Entonces, si el receptor adopta este supuesto la carta ya no viola el *principio de cooperación*, y como el autor pretende que el receptor deduzca precisamente esta información, la carta implica justamente esto o, como decía Grice, ésta es la *implicatura* de lo que se escribe en la carta.

De esta manera introducimos el concepto de 'implicatura', una de las dimensiones pragmáticas más importantes del significado del lenguaje. Se trata de un tipo de inferencia (acto de sacar una consecuencia o deducir una cosa de otra), que no forma parte del sentido literal del enunciado;

es, por tanto, independiente de las estructuras lingüística y se produce por la combinación del sentido literal y el contexto. La presuposición, sin embargo, se concibe como una relación entre las palabras y las frases que componen el enunciado. En la implicatura, aunque necesita del lenguaje para establecerse, no es éste el protagonista sino los hablantes que son quienes presuponen.

Las ideas claves de la *implicatura*, como fácilmente se deduce de la relación establecida con el P. de C., se deben a Grice en las famosas conferencias dictadas en Harvard en 1967. Se trata de un tipo especial de presuposición, las presuposiciones conversacionales, que se generan mediante una violación palmaria del Principio de Cooperación. Ofrece explicaciones funcionales significativas de los hechos del lenguaje, proporcionando una explicitación de cómo es posible que un enunciado transmita más de lo que las propias palabras conllevan. Este tipo de explicación no está al alcance de ninguna teoría semántica: se refiere al modo cómo la gente usa el lenguaje como medio de comunicación. Las presuposiciones pragmáticas se nutren con los conocimientos de fondo que los interlocutores (emisor y receptor) comparten en el momento de la interacción.

El término *implicatura* está tomado de la lógica, concepto del que ya se ocuparon los debates filosóficos acerca de la naturaleza de la referencia y de las expresiones referenciales. Fue Frege el primer filósofo que debatió estos problemas. Él planteó muchas de las cuestiones que más tarde se convertirían en centrales para las discusiones acerca de la presuposición. Bertrand Russell fue otro de los participantes en dichas discusiones, llegando a conclusiones diferentes, a partir de los mismos planteamientos. Uno de los problemas que más discusiones generó fue cómo dar cuenta del hecho de que oraciones que carecían de referentes podían tener significado.

En torno a la definición de pragmática

Para empezar, adelantemos diciendo que el término *Pragmática* procedente del griego *prâgma* ('actividad') es una rama de la lingüística que estudia las condiciones de adecuación contextual y de interacción entre los participantes en la comunicación y el mundo en el que se realizan los intercambios comunicativos. En todo caso, podemos afirmar con seguridad que, tal como nosotros la concebimos la pragmática, es una disciplina que pertenece a la ciencia del lenguaje.

Son muchas las definiciones que de *pragmática* se han dado, dependiendo de la visión de cada uno de los autores que se han atrevido a hacerlo, si bien es cierto que todos coinciden en definirla en relación con el uso del lenguaje. Levinson (1989 [1983]: 4-30) propone más de una docena de definiciones, que no son sino aspectos particulares de la investigación prgmática. En todo caso, nosotros pretendemos aislar los componentes imprescindibles que entran, a nuestro juicio, en la indagación de la lengua como medio de comunicación y, consiguientemente, de su estudio desde la pragmática, que deberá denominarse desde ahora *pragmática lingüística.*

¿Qué dicen los diccionarios especializados, como es el de Marchese/ Forradellas (1986 [1978]) sobre *pragmática*:

> «Rama de la semiótica y, en general de la lingüística y de la teoría de la comunicación que trata del uso de los mensajes en relación con los factores comunicativos, con la situación, con las necesidades y miras de los participantes, con los papeles, con las presuposiciones, etc. Se denomina competencia pragmática a la capacidad de producir y/o interpretar los hechos de lengua adecuados en una situación comunicativa específica»[82].

Otros autores, como es el caso de János S. Petöfi, partiendo del cuadro semiótico que presentaba Morris, sintaxis, semántica y pragmática, e integrando los tres componentes en una teoría del lenguaje, y reconociendo que las relaciones pragmáticas están ligadas muy íntimamente con las sintácticas y pragmáticas, dice lo siguiente:

> «La pragmatique traite des relations entre les expressions, les objets auxquels elles réfèrent et les usagers ou les contextes d'usage des expressions» (1975: 89)[83].

---

[82] Greimas / Courtés distinguen entre «dimensión cognoscitiva» y «dimensión pragmática», aspecto este último, cuyo objeto de estudio son las condiciones de comunicación, así como el modo de actuar de los comunicantes.

[83] «La pragmática trata de las relaciones entre las expresiones, los objetos a los cuales ellas se refieren y los usos o los contextos de uso de las expresiones». (La traducción es mía).

Petöfi aclara qué entiende por *contexto*, ya que de ello depende su concepto de 'pragmática'. En su sentido más amplio, el contexto tiene que ver: a) con lo «extra-linguistique d'une langue naturelle», es decir, el significado de las palabras dependen del marco *socio-physique* (sic) en el que las palabras son utilizadas. También el contexto se refiere b) a lo *extralingüístico comunicativo*, capaz de modificar el contexto a); y, por último, c) el *contexto verbal* de una expresión verbal, que en parte pueden ser reducidas incluso a las relaciones sintácticas[84].

---

[84] Algunos de los contextos a los que se refiere Petöfi se pueden reconocer en Coseriu (1973 [1955-56]: 313-317), que distingue: 1. *Idiomático*. Las palabras todas de la lengua viven en estrecha relación con todo el cuerpo del idioma y su razón de ser y significado le viene de ahí. 2. *Verbal*. Entre las palabras que le preceden y siguen: a) *inmediato*: significado de la palabra en cada momento del enunciado. (El mejor *vino* de mesa / El mejor *vino* de buen humor); b) *mediato*: el significado dentro de un campo más amplio que el sintagma (una conversación, el significado del Quijote al comienzo de la obra de Cervantes y al final). 3. *Extraverbal*. Responde aproximadamente a lo que el antropólogo Bronislaw Malinowski introdujo en la lingüística y que denominó *contexto de situación*. Éstas son sus palabras: «La concepción del contexto debe rebasar los límites de la mera lingüística y trasladarse al análisis de las condiciones generales bajo las cuales se habla una lengua. El estudio de cualquier lengua, hablada por un pueblo que vive en condiciones diferentes de las nuestras y que posee diferente cultura, debe llevarse a cabo en conjunción con el estudio de su cultura y de su medio ambiente» (citado por Ullmann, (1972 [1962]: 58). Dentro del contexto extraverbal está: a) *contexto físico* que coincide con el entorno *sinfísico* de Bühler. Abarca todas las cosas que están a la vista. Por ejemplo: ¡Mira quien pasa por ahí!; b) *empírico*: todas las cosas que los hablantes conocen, aunque no estén a la vista; c) *natural*: toda la realidad extramental; lo conocido por los interlocutores. Así, por ejemplo, no se pregunta uno *¿qué Barcelona?* o *¿qué sol?*, etc.; d) *práctico u ocasional*: todo lo relacionado en un momento concreto. (Ejemplo: el hablar con un anciano o un niño para pedir algo o para exigirlo, etc.); e) *histórico*: conocimiento de la vida individual de los interlocutores, los acontecimientos propios de un pueblo, de una situación. Ejemplo: *el profesor de literatura* se refieren al de este año concreto. O también cuando leemos *Peligro de incendio en las Cortes*, etc.; f) *cultural*: todo lo que pertenece a la tradición cultural de

Herbert E. Brekle (1974) señala que la pragmática, una «prolongement nécessaire de la sémantique linguistique», como así titula precisamente el capítulo 6 de la obra a la que nos referimos, debe proponerse como tarea la búsqueda de las condiciones de producción de los actos de habla, quehacer que debe incluir en sus análisis un conjunto de factores y condiciones imprescindibles para que el proceso de comunicación tenga éxito. Entre esos factores se encuentra, por ejemplo, la buena formación sintáctica y semántica de las formas lingüísticas que se combinan y relacionan para constituir los actos de habla[85].

Por su parte, Teun A. Van Dijk en su obra *Text and context* (1977) plantea los objetivos y problemas de la «pragmática del discurso» en torno a las relaciones sistemáticas entre estructuras del texto y el contexto. Van Dijk intenta determinar cuáles son las propiedades específicas del discurso y cuáles vienen determinadas por «la estructura de los hablantes, los actos ilocucionarios y el tratamiento de la información en la conversación» (1980: 291)[86], es decir, el uso de la lengua como resultado de una interacción social.

Muchos otros lingüistas -y pragmatistas del lenguaje- intentan preguntarse sobre el lenguaje como medio de comunicación entre los humanos. Y en esta misma línea debemos mencionar a Moeschler/ Reboul para los que la *pragmática* debe definirse por oposición al sistema lingüístico. Así, mientras la pragmática estudia el uso del lenguaje, el sistema lingüístico es el objeto de la lingüística, lo que significa, como

---

una comunidad. En la medida en que integra la historia espiritual de una comunidad, es una forma peculiar de contexto histórico. Así, por ejemplo, diferenciemos la cultura occidental de la oriental y entenderemos este contexto. Decir que una persona es un Quijote, etc. O hablar de Dios con mayúscula, pues pertenece a una cultura occidental de raíces cristianas.

85   «La tâche de la pragmátique est de rechercher quelles sont les conditions de production des actes de parole. A ces conditions appartient en tout premier lieu la satisfaction des critères de bonne formation syntaxique et sémantique; mais, il faut y ajouter un large ensemble de facteurs et de conditions que sont nécessaires à la formation d'actes de parole et qui, sous certaines conditions à définir, sont des éléments déterminants d'un procès de communication réussi» (Brekle, 1974: 78).

86   Citamos por la versión española de Juan Domingo Moyano aparecida en Cátedra. Véase la referencia completa en el apartado de la Bibliografía.

los mismos autores señalan, que «cet usage n'est neutre, dans ses effets, ni sur le processus de communications» (1994: 17)[87], es decir, un problema se puede calificar de pragmático si no se refiere estrictamente al hablar, a la estructura lingüística, sino al empleo que se hace de él.

Todos son conscientes de que el lenguaje es un lugar de encuentro entre el ser humano y el significado y con la realidad misma (Reyes, 1990: 13); el lenguaje es una actividad, una forma de vida (Gellner, 1962 [1959]: 21), y «una misma forma de entender el mundo y de entenderse a sí mismo» (Camps, 1976: 147), además de que «el lenguaje determina en primer lugar al hombre como tal y lo hace aparecer como hombre» (Coseriu, 1977: 63). Es el lenguaje la pieza básica del intercambio de ideas: la producción de un enunciado que parte de un sujeto hablante y que se destina a otro sujeto hablante, respetando ciertas categorías

---

[87] El libro de Jacques Moeschler (nac. 1954) y Anne Reboul (nac. 1956) constituye la culminación de una serie de investigaciones llevadas a cabo por ambos autores desde 1982 en sus respectivas universidades, Génova y Estrasburgo. Moeschler se ha centrado en el problema del discurso dentro de un marco cognitivo y de la teoría de la pertinencia, aunque con anterioridad se había centrado en la aproximación pragmática del discurso; por su parte, Anne Reboul, con una tesis doctoral defendida en 1984 sobre el diálogo en el teatro desde una perspectiva narratológica y pragmática, se ha dedicado a la elaboración de una teoría pragmática de la ficción y de la metáfora, también en el marco de la teoría de la pertinencia, que se concretó en una tesis doctoral sobre filosofía analítica. Paralelamente se ha dedicado a la investigación de los problemas de la referencia. Según dicen sus autores, la aparición del *Dictionnaire Encyclopédique de Pragmatique*, que no es propiamente un diccionario en el sentido clásico del término, responde al convencimiento de ambos autores de las importantes repercusiones de la pragmática no sólo en la lingüística, sino en las ciencias cognitivas y en la lingüística computacional. De ahí, que según ellos mismos señalan, es llegado el momento de elaborar un verdadero programa de investigación en pragmática. La obra trata de un modo sistemático y en una progresión coherente los conceptos metodológicos y el contenido de la pragmática, que se compagina muy bien con la concepción como unidad autónoma de cada uno de sus dieciocho capítulos, que permite abordarlos independientemente unos de otros.

máximas que componen el denominado por Grice (1975) *Principio de Cooperación* (P. de C.).

El conjunto de las reflexiones sobre las funciones del lenguaje constituye indudablemente una de las mayores contribuciones a la definición de la pragmática lingüística, como hemos señalado en otro lugar. El estudio de las funciones del lenguaje, de larga tradición filosófica, encuentra en Bühler la primera formulación sistemática dentro de la escuela de Praga[88], funciones que después de la profundización de Roman Jakobson, M. A. K. Halliday (1975 (1970]: 148-149), representante de la Escuela de Londres, propone una clasificación de las funciones del lenguaje alternativa a la de Jakobson, distinguiendo entre funciones relacionadas con la adquisición del lenguaje por parte de los niños y las funciones de los adultos, que, aunque infinitas, las reduce a un número limitado (macrofunciones), para cada una de las cuales existe un nivel de articulación del enunciado:

- *Interpersonal*, en la que se aúnan las funciones *expresiva* y *apelativa* de Bühler. Esta función se centra en el uso de la lengua

---

[88]   Bühler, aunque se separe de la filosofía de Humboldt, sin embargo, coincide con él en la idea esencial de que el lenguaje es un modo especial de actividad del espíritu humano, de la que distingue *acto* de *acción*. La *acción lingüística* es la que hace del lenguaje un medio para ayudar, para engañar, para orientar, para obligar a actuar de determinada manera, etc. El *acto lingüístico*, que Bühler relaciona con el acto de significar como otorgador de sentido, es un acto inherente al acto de hablar y, consiguientemente, parte integrante del estudio de la lengua. El acto de comunicación para Bühler se presenta -así lo dice Ducrot/Todorov (1975[2] [1972]: 382)- como un drama de tres personajes: aquello de que se habla, el contenido objetivo del habla, el locutor o, lo que es lo mismo, el que enuncia; y el destinatario: Alguien habla a alguien de algo. El modelo elaborado por Bühler comprende, como es sabido, tres funciones, que se corresponden exactamente con los mencionados personajes: *representativa*, *expresiva* y *apelativa*. Jakobson recoge el esquema de Bühler y en su ensayo de 1960 profundiza en él, ampliando la perspectiva y añadiendo otras tres funciones, las relacionadas con la poética, es decir las funciones *fática*, *poética* y *metalingüística* (citamos por la traducción española en Seix Barral, 1981[2]: 347-395]).

como medio para establecer contactos y relaciones sociales (modos gramaticales, formas declarativas / interrogativas o positivas / negativas: valor del enunciado como acción). Se trata, pues, de una actividad dinámica que provoca el que los hablantes efectúan cambios en el conjunto de conocimientos, creencias, sentimientos, etc., presentes en la mente del interlocutor en el momento de la interacción.

El hablante debe adaptar forma y contenido a los efectos que pretende obtener. De ahí que sus elecciones estén motivadas pragmáticamente. Concebida así, la pragmática no es un añadido a la fonología, a la sintaxis o a la semántica, sino que actúa desde el interior de los demás componentes de la lengua[89].

Esta función de Halliday, como veremos en el análisis de cada uno de los componentes en la transmisión de un mensaje, abarcaría los CONTEXTO y EXTRATEXTO, respectivamente, según entendemos nosotros.

- *Ideativa* (aproximadamente se corresponde con la *representativa* de Bühler): son los modos en que el hablante expresa verbalmente la conceptuación del mundo y de la experiencia interior (se manifiesta mediante el sistema de «transitividad», que analiza la

---

[89] Para H. Clark (1987) el uso, como objeto de estudio de la Pragmática, debe entenderse como un ingrediente más de la actividad humana, lo que quiere decir que abarca más que las meras estructuras lingüísticas, que puede organizarse en cuatro dimensiones: a) BIPERSONAL: relación hablante-oyente, conocimientos compartidos, respeto de las reglas de comunicación, etc. b) Dimensión PERCEPTIVA (se cruza con la primera): diferentes tipos de oyentes (participantes o no en la comunicación). c) La estratificación del DISCURSO: representa las diversas estratificaciones de los diferentes centros deícticos del discurso, de los que provienen las informaciones [expresiones deícticas, p. 197). d) La dimensión TEMPORAL: es la responsable de algunos fenómenos fundamentales de la interacción comunicativa como la sincronización entre los intervalos de habla de los participantes [...], distribución de la información en bloques (coordinación acciones verbales).

experiencia en procesos en los que participan un conjunto de
entidades con «papeles» distintos). Esta función constituye el
«soporte material» de las otras dos funciones de la lengua, sin la
cual no puede realizarse la comunicación lingüística.
- *Textual*: hace referencia a los usos de la lengua para constituirse
como discurso coherente y vinculado a la situación de enunciación
(se manifiesta en los elementos de cohesión y coherencia del
texto y son los que permiten la división de la estructura textual
del mensaje en «conocido» y «nuevo»). Esta función no tiene
correspondencia en el sistema de Bühler.

La ampliación del concepto de 'funciones del lenguaje' a aquellos tipos
que representan los diferentes niveles sociales o también los diferentes
niveles de estilo, han quedado incluidos en apartados anteriores.

Componentes pragmáticos y comunicación lingüística

En un estudio científico del lenguaje como instrumento eficaz de
comunicación, la primera operación metodológica que debe realizarse
es la de aislar cada uno de los componentes de la comunicación e
investigar el grado de aportación real al mensaje lingüístico eficaz,
análisis que deberá conducirnos a establecer todos y cada uno de los
componentes de la Pragmática Lingüística, ya que es la disciplina que
se ocupa de las condiciones de «expresabilidad». De ahí que se haga
imprescindible analizar, en primer lugar, las estructuras textuales
propiamente dichas, las expresiones lingüísticas concretas, sin las
cuales, obviamente, no podría establecerse comunicación lingüística
alguna.

Muchas disciplinas, además de la Lingüística, han aportado
importantes ayudas para la descripción de las estructuras del texto. Éste,
entendido como la unidad de comunicación eficaz, debe contar con una
gramática que explique el sistema de reglas, en sus diferentes niveles,
que propician la *producción* y la *comprensión* de los enunciados de una
lengua natural. La *Semántica* juega en este nivel de estudio un papel
medular, investigando no sólo el nivel del significado, sino averiguando
además los *porqués* del sentido de un determinado texto, lo que permitirá
introducir la *Sintaxis* al tener que abordar el análisis de las proposiciones
y la *coherencia* de las frases, concepto éste desarrollado más arriba (Cfr.
I.1.2., págs. 42 ss.).

Del entramado textual se ocupa la *Semántica Intensional*[90] que en su investigación utiliza exclusivamente las informaciones lingüísticas, haciendo abstracción de cualquier otro elemento no lingüístico. Se trata de una representación puramente semántico-intensional o *cotexto*, en terminología de Petöfi (1975). En este nivel se estudian las diferentes *conexiones*, lineales[91] y globales, que producen la *coherencia* de un texto (Van Dijk, 1980 [1977]: 125-238).

Pero sigamos con el proceso de comunicación mediante signos lingüísticos, que tiene lugar en una interacción social, donde entre emisor y receptor experimentan toda una serie de procesos que explican cómo se comprenden, almacenan, reproducen y producen los enunciados o, mejor dicho, los textos (Van Dijk, 1983: 20-21 [1978])[92]. Estos procesos

---

[90]   Los conceptos de 'intensión' y 'extensión' los tomó prestados Petöfi (1975) de Carnap para modificar el triángulo semiótico de Lyons. Su triángulo de la significación, válido para el tratamiento de textos de lengua natural, introduce dos tipos de relaciones: las semántico-intensionales y las semántico-extensionales. De la *intensión* se ocupa la *semiótica intensional*; su objeto es el estudio de las relaciones inter e intrasígnicas. Este nivel conviene al *cotexto* o dominio de los aspectos cotextuales; funciona con sus propias informaciones internas, es decir, las expresadas a través del texto, situándonos así en el nivel superficial de las palabras dichas o escritas..

[91]   En este apartado entrarían diversos componentes, entre los que se cuentan: el de buena formación sintáctica, el componente léxico, etc., a través de los cuales se puede acceder de uno a otro mundo, y se van introduciendo nuevos referentes, que vienen determinados por el *marco*, un concepto cognitivo, que responde a determinadas formas de organización del conocimiento, y que forma parte de nuestra memoria semántica general. A este respecto, Umberto Eco dice que «los datos de la enciclopedia del lector se vierten con perfecta regularidad en los espacios vacíos del texto» (1987²: 280 [1979]).

[92]   La psicolingüística o la psicología cognitiva se ocupan de explicar el funcionamiento real de este sistema lingüístico abstracto, que es el lenguaje, cómo se ha adquirido, cuáles son los procesos cognitivos y qué normas y estrategias se aplican cuando un hablante produce o comprende un texto. Si sabemos qué informaciones, sobre todo de los textos, «sacan» y almacenan los hablantes en el cerebro, poseeremos un instrumento importante para comprender los procesos de enseñanza y eventualmente poder guiarlos.

cognitivos de la elaboración de los textos nos proporcionan, a su vez, una base para el análisis de los procesos sociales[93]. Por ello, a nuestro juicio, es fundamental investigar también las huellas de los «intervinientes» dejan en el texto. Es claro que la presencia de un **yo** que se dirige a un **tú** puede imprimir una cierta fuerza persuasoria al mensaje, al introducirse, consciente o inconscientemente, el autor en el texto en un intento de modificar la conducta de la persona que recibe el mensaje (Reardon, 1983 [1981]: 30-32)[94], modificando u orientando de esta manera el sentido último de la comunicación.

La dimensión del estudio de la lengua que trasciende los contenidos expresados para centrarse en el cumplimiento de los modos en que el hablante se comporta frente a su misma enunciación conducen a una concepción ideal de la pragmática como componente constitutivo de la estructura del lenguaje. Es la hipótesis de Ducrot (1982 [1972]) en Francia cuando habla de *Pragmática integrada*[95].

---

[93]   Uno de los primeros psicólogos que sistemáticamente estudiaron el procesamiento de un texto fue Frederic C. Bartlett, que realizó una serie de experimentos en los que la historia de un indio americano tuvo que ser recordada por varias personas. Acuñó un término, *schema*, principio activo en nuestra memoria, que tiene como misión (re)organizar los elementos del recuerdo en conjuntos estructurados, algunos de cuyos experimentos refutó más tarde I. H. PAUL (1959), continuando él mismo la investigación en esta línea. Asimismo, en la década de los setenta se empezó una investigación más sistemática sobre las propiedades cognitivas del discurso y su influencia en la organización de la memoria y el recuerdo. (Véase en la Bibliografía: Bartlett, Frederic C1995 [1930].

[94]   También la comprensión de un mensaje tiene que ver también con el emisor, con el tono en que comunique y que, en el caso de un texto escrito los signos de puntuación tratan de reflejarlo, aunque -también hay que decirlo- no siempre en toda su profundidad. A este respecto, Coseriu apunta: «Significado es todo lo que efectivamente se comunica, se sugiere o se evoca; lo que el hablante quiere comunicar y lo que el oyente comprende como comunicado. Lo que no se puede olvidar ni desconocer es que las palabras no significan para el lingüista o por el lexicógrafo, sino para los hablantes» (Cfr. 1982[3]: 206).

[95]   Un ejemplo más de adaptación del lenguaje al mensaje es el siguiente. A simple vista llama la atención el uso que hace Gonzalo de Berceo del

A través de la lengua, no sólo se transmiten contenidos, sino que con ella se promete, se ruega, se amenaza, se aconseja, se denuncia, se absuelve. También con ella se dan explicaciones. Es una actividad que se enmarca en la denominada *Teoría de los Actos de Habla* (ya citado), que investiga todo lo relacionado con la lengua, como una realidad que nos empuja hacia fuera de sus límites[96].

---

posesivo. La alternancia *artículo + posesivo / cero* (o ausencia) + *posesivo* está vinculado al universo semántico de cada tipo de personaje. Se da una clara oposición entre *el más allá* y *el más acá*, entre Dios y el Hombre, entre el Pecado y la Misericordia divina. Berceo marca la oposición entre esos dos mundos mediante la alternancia de los esquemas con posesivo. El poeta riojano utiliza con suma destreza los recursos que le ofrece la lengua para transmitir una información, que, en ocasiones, va más allá de los propios signos, focalizando en cada momento y destacando aquello que le interesa para el sentido global del texto, a mi juicio con una clara intención pragmática. También aquí podría hablarse de estilística, de componentes subjetivos, expresión de la propia individualidad, pero que, precisamente, la pragmática lingüística está obligada a descubrir en la relación interactiva de los participantes en la comunicación. Toda realización lingüística, acompañada de elementos afectivos, viene condicionada en su expresión, orientando el contenido de la comunicación. La afectividad, la emoción, hace variar la estructura intelectual de la frase bien abreviándola, bien disponiendo los términos constitutivos según órdenes distintas, como en el caso de Berceo, respondiendo así al movimiento espontáneo de las ideas. El lenguaje emotivo es capaz de desorganizar totalmente la estructura gramatical haciendo emerger una vitalidad que trasciende las reglas de la razón al adaptarse a las necesidades. La investigación de los elementos afectivos del lenguaje iniciada por Bally en dirección estilística, se traduce más tarde en la teorización de la *modalidad* como componente imprescindible de la estructura lógica de la frase: *dictum* y *modus*, que es el eje de la comunicación, es decir, «el engranaje principal de la frase, sin el que ésta no puede existir». (Bally, 1977[7] [1913]: 66).

[96]   Charles Bally habla de la tendencia que impulsa la palabra a servir a la acción, entonces, dice textualmente: «[…] se trueca el lenguaje en arma de combate: el hablante trata de imponer sus pensamientos a los otros, persuade, ruega, ordena prohíbe, o bien, a veces, la palabra se repliega y cede» (Bally, 1977[7] [1913]:25). Cfr. además W. Porzig (1974[2]). Quizás hoy

Los actos de habla pueden «tener éxito» o «fracasar», y eso tiene que ver exactamente con la pragmática, porque ella, ya lo hemos dicho, estudia las condiciones en que se producen los actos de habla para tener éxito. Términos como *hacer, procesos, propósito, intención, finalidad*, etc. son objeto de la *Teoría de los Actos de Habla*[97], que estudia sobre todo las acciones lingüísticas de tipo *intencional*, en palabras del propio Austin, un término fundamental en el análisis del lenguaje.

De este modo, el uso del lenguaje activa una serie de conocimientos que las palabras evocan y que no necesitan hacerse explícitas. Las estructuras lingüísticas tienen significados virtuales que sólo se actualizan y completan en el uso. Esto ocurre siempre que la comunicación es intencional.

La *interacción lingüística* que se produce entre emisor y receptor resulta de una serie de actos de habla de diferentes interlocutores, ordenados, entre otras cosas, según unas reglas convencionales, respetando el *Principio de Cooperación*, lo que implica (*implicaturas*) y presupone (*presuposiciones*) toda una serie de informaciones no expresas, pero que se generan con las inferencias pragmáticas.

En una «lógica de la conversación» del tipo sugerido por Grice en 1975, el hablante vincula la lengua con sus ámbitos de uso institucionales, relacionando objetos e intenciones con los medios lingüísticos disponibles. De este modo procede a las elecciones lingüísticas pertinentes para producir el efecto deseado. Esto implica el reconocimiento de una unidad superior, formada por todas las interiorizaciones que sirven para probar, en una determinada situación una reacción del interlocutor. Ya veremos cómo esa unidad superior obliga al signo a dislocarse, reformulando lo ya formulado y «re-significando», si se me permite el barbarismo, lo significado en determinados usos, provocando la ruptura de las expectativas generadas por el signo «estático» y «desnudo».

---

como nunca, en las últimas dos décadas del siglo XX, como dice Aranguren (1986), el lenguaje ha tendido tanto y tan fuertemente a la acción utilitaria y pragmática.

[97]   Cfr. John. L. Austin (1971 [1962] y (1975), donde expone su teoría y establece la distinción entre acto *locucionario, ilocucionario* y *perlocucionario*. Se trataría, como el mismo Austin indica, de acciones lingüísticas de tipo *intencional*. Véase también «Algunas nociones de la teoría de la acción» en Van Dijk, (1980: 241-269).

Todos los aspectos mencionados son objeto de la *Semántica Extensional* (Petöfi, 1978: 87-89)[98], disciplina que se ocupa de las *relaciones referenciales* que se establecen entre la lengua y las cosas, conectadas, a su vez, con la *situación comunicativa*. Es el *contexto* o segundo de los niveles en el estudio de un texto desde la *Pragmática Lingüística* (Albert, 1995: 99).

Serán, pues, elementos propios del contexto todo lo que tiene que ver con el comportamiento lingüístico. Es decir, el *Contexto* se ocupa de los actos que se derivan o que condicionan la producción y la recepción de un enunciado lingüístico, como son: el tipo de «relaciones» que mantienen emisor y receptor (autor / lector), sin duda condicionadas por la categoría social a la que cada uno de ellos pertenezca, las *actitudes* mutuas en esas relaciones y frente a las normas, obligaciones y costumbres sociales, etc., en tanto que son capaces de condicionar la construcción y la interpretación de un mensaje[99].

---

[98]   Esta semántica se ocuparía no solamente de la realidad *real* sino de la realidad *imaginaria* o, dicho de otro modo, la *realidad alternativa*, que, junto con la *realidad actual,* poseen un término común que las designa: *mundo* (posible).

[99]   Podrían ser muchos los ejemplos aportados que reflejan una adecuación del lenguaje a la situación. O mejor, que la situación determina, de alguna manera, el tipo de construcción sintáctica y el uso de unas palabras en lugar de otras. De ahí que para esclarecer algunas formas de comunicación humana resulta imprescindible aludir al contexto que relaciona socialmente a emisor y receptor. Un ejemplo muy elemental es el uso de los deícticos que dependen de la clase de relación social que une al hablante y al oyente. Es la que denominan algunos «deixis social», cuyos representantes típicos son los pronombres de cortesía TÚ/USTED y los «honoríficos» que, en algunas lenguas son muy numerosos y diferenciados.

Levinson dedica un amplio capítulo a este tema y destaca la importancia que para la interpretación de un enunciado tiene la presencia de dichos elementos deícticos, especialmente cuando éstos faltan.

A pesar de que múltiples facetas de la deixis presentes en las lenguas naturales están profundamente tan gramaticalizadas y por ello forman una parte esencial de la semántica, sin embargo, en muchos caso hay que decir que la deixis pertenece al dominio de la pragmática, porque concierne

La comunicación textual depende también de otros elementos no lingüísticos, los parámetros Socio-Culturales (SoCu) se refieren a todo lo que está fuera del texto, pero que de alguna manera inciden en él y lo condicionan. Entre ellos podemos citar el *tiempo* y el *lugar* de la enunciación, la *tradición literaria* en el caso de textos muy concretos, y cualesquiera otros recursos extratextuales que los escritores / hablantes utilizan para conseguir un acto de expresión (o de escritura) feliz, y que se enmarcaría en la *Tradición Retórica*, por ejemplo[100]. Constituyen todos ellos lo que denomino *extratexto*.

De todo ello se colige que la *Pragmática*, actualmente ya establecida y reconocida como una disciplina crecientemente empírica, incluye en sus análisis los factores sociales, psicológicos, culturales, literarios,

---

directamente a la relación entre la estructura de las lenguas y los contextos en que son utilizadas.

[100] Así, aplicando los recursos y las técnicas de la Retórica, especialmente la *Inventio* (con esas dos grandes líneas, la intelectual [convencer] y la afectiva [emocionar], respectivamente, y la *Dispositio* (que se nutre de razones *intrínsecas* y *extrínsecas)*, y eligiendo la estrategia adecuada, se puede conseguir que el «auditorio» acepte la propia versión de una norma impuesta. Se trata de ejercer una violencia justa mediante el razonamiento, en el espíritu del oyente. En la línea afectiva, el *animos impellere*, consiste, según Aristóteles, en que el orador debe exhibir ante el público los atributos para causar buena impresión; debe significar lo que quiere ser para el otro (*Ethé* de los griegos, y el *Pathé* o sentimientos del que escucha). El orador por la fisonomía exterior del destinatario detecta cada «pasión» (la cólera o la serenidad; el amor o el odio; la confianza o el temor; la ingratitud o el agradecimiento [...]). Con el uso de estas grandes categorías psicológicas se suscita una conmoción en los sentimientos. Pues bien, aplicando las técnicas en la manipulación del lenguaje se consigue, en efecto, crear la *imago*, como hace D. Benito Pérez Galdós, veinte siglos después de esta práctica retórica, con su novela *Nazarín* (Albert, 1988: 109-118). En la doble línea de la *Inventio*, una de tipo intelectual, *convencer*, y la otra afectiva, *emocionar*, hay que situar el relato de Galdós. Con la elaboración de las pruebas (*probatio*), que tienen como finalidad ejercer una violencia justa, mediante el razonamiento, sobre el espíritu del oyente, y, por otra, servirse de la emoción para causar impresión (retórica psicológica de Roland Barthes).

que determinan la estructura de la comunicación verbal y sus consecuencias.

Recogiendo en un resumen todos los componentes explicitados más arriba, hay que hablar, en el estudio y análisis del lenguaje, de tres niveles: COTEXTO, CONTEXTO y EXTRATEXTO (Albert, 1995: 99), en cuyo entrecruzamiento (espacio relleno) se sitúa el acto de habla. El diagrama siguiente expresa las relaciones entre los diferentes niveles de estudio, al que le sigue la explicitación de los valores de las siglas encerradas en cada uno de los círculos, así como la aplicación del modelo a textos concretos:

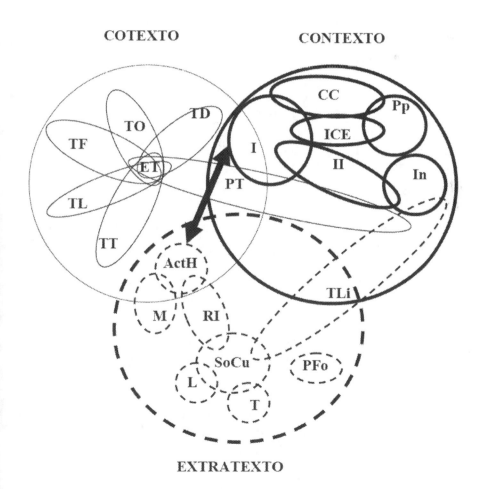

Las siglas que aparecen encerradas en el primero de los círculos de trazo continuo normal (COTEXTO) expresan la materia con la que trabajamos; es el enunciado concreto. El Diccionario funciona, ya lo hemos dicho, como un macrosigno, del que se pueden investigar y analizar sus diferentes componentes: el metalenguaje utilizado para la definición de sus artículos y la lengua que sirve para dar explicaciones o para señalar la utilidad de los objetos a los que las palabras apuntan.

Los *Interlocutores* (**I**) en el mismo círculo y compartiendo su espacio con los *Actos de habla* (**Act.H**) (flecha de doble punta), alcanzan su justificación en el hecho de que la presencia explícita del *yo* y del *tú*, cuya presencia da fuerza persuasoria al decir del autor o del narrador, y se plasma en los *Actos de Habla*.

No se olvide que los factores pragmáticos van estrechamente unidos a la manifestación textual y afectan a las relaciones y alcance de los constituyentes del mismo, posibilitando y documentando el dominio de las circunstancias verbales en el círculo COTEXTO y EXTRATEXTO, respectivamente.

La presencia del *yo* y del *tú* en el COTEXTO alcanza su interpretación en el CONTEXTO (trazo grueso) donde adquiere carácter persuasorio, obligando a adoptar una determinada estrategia de planificación de los *Actos de Habla*. Tiene su fundamento en la *Retórica Clasica* y, como es visible, procede del ámbito EXTRATEXTUAL (trazo discontinuo).

En el círculo del COTEXTO aparecen los *Parámetros Textuales* (**PT**), que abarca, por una lado y en el recinto cotextual, a los *Interlocutores* (**I**), saliendo fuera de su campo para introducirse en el CONTEXTO. Y dentro del mismo círculo **TO** (*Tipo de Oración*), que tiene que ver con la táctica del interlocutor; el **TF** (*Tipo de Frase*): exhortativa, imperativa, afirmativa, etc. **TD** (*Tipo de Discurso*), que afecta únicamente a la definición de *lema* en su segundo enunciado (*metalengua de contenido*) (una sola palabra puede ser una definición).

Se trata der un metalenguaje en la mayoría de los casos que informa sobre el contenido de una palabra y de su uso. Son sistemas parciales del sistema de comunicación de la sociedad completa (comunicación científica, gramatical, literaria, metalingüística, etc.).

El Discurso puede ser profano o de contenido religioso. También se encuentra en este ámbito **TL** (*Tipo de Locución)*, que puede ser directa o indirecta y que, en ocasiones, remite a la competencia comunicativa de los interlocutores; además el **TT** (*Tipo de Texto*), que tiene que ver con la táctica del autor del texto. Se puede hablar en este apartado de textos *performativos* (muchos verbos, por ejemplo, españoles; o para qué sirve una palabra o cómo actúa), *constatativos* y *expositivos*. Pero no sólo verbos, sino que en el Tipo de Texto entran las palabras que son *indefinibles*, es decir, aquellas de las que se da una explicación (Véase IV.2.1.).

Los parámetros textuales, al referirse a todos aquellos aspectos que explícitamente aparecen en la manifestación textual, como es el caso de **I, II, ET**, lógicamente ocupa parte del COTEXTO y del CONTEXTO.

Por otra parte, **I** (Interlocutores) comparte su «mundo espacial» con **CC** (*Competencia Comunicativa*) y con **ICE** (*Intención de Comunicación y de lograr un Efecto*), debido a que estos dos componentes forman parte de las inferencias (implicaturas y presuposiciones) que se pueden hacer a partir de un texto concreto. Su interpretación alcanza sentido en el CONTEXTO.

La **CC** tiene que ver con el conocimiento común de una lengua, que es la base del entendimiento de los interlocutores, ya que es condición *sine qua non* para que se realice la comunicación lingüística. Siempre que existe comunicación se presupone la intención de realizarla y, por lo tanto, de que sea eficaz el acto de traspasar un emisor a un receptor unos conocimientos o contenidos encerrados en signos lingüísticos (**ICE**). Tanto **CC** como **ICE** forman parte de las presuposiciones de todo acto de habla.

La presencia de **II** (Identidad de los Interlocutores), que arranca de **In** (Indicios, que remiten a sistemas culturales externos), tiene que ver con la investigación que debe llevarse a cabo sobre la identidad de los intervinientes (flecha de trazo discontinuo) en la comunicación pragmática. Esa es la razón de que figure en el recinto del COTEXTO.

Obsérvese que **TLi** (*Tradición Literaria*) arranca también de **In**, aunque se extiende hasta el EXTRATEXTO (trazo discontinuo), debido a que pertenece a una realidad exterior al texto, aunque obviamente incida en él: es indicador de los antecedentes literarios y tiene relación con la intertextualidad. En el DRAE no se podrá hablar de tradición literaria, pero evidentemente sí de tradición lexicográfica, que puede condicionar hasta los modos de definir el *lema*. Este componente tiene que ver con la forma de la predicación.

En el EXTRATEXTO aparece como elemento central **SoCu** (*Parámetros Socio-Culturales*), del que parten todos aquellos componentes que tiene que ver con el conocimiento del mundo y todo cuanto es extratextual. En el caso del DRAE se puede concretar en la introducción de nuevos términos (Cfr. III.1.1.) como consecuencia de los avances tecnológicos y los nuevos descubrimientos.

Uno de los componentes es **M** (el *Marco*), cuyo conocimiento influirá de manera decisiva en la planificación de los actos de habla y en la estrategia que va a seguir el autor del texto que fuere.. El *Lugar* (**L**) y la *Época* (**T**) son los últimos componentes que conectan con el **SoCu**.

Los *Parámetros Fónicos* (**PFo**) aparecen «descolgados» del resto de los» componentes debido a que se trata de un elemento que únicamente figura en textos de obras de teatro, o que sirven de base para una charla, una conferencia, un sermón, etc. En el DRAE quedan bien patentes en aquellas formas que son tales en el momento que se realizan y no antes (cfr. IV.2.2.)-

En el diagrama no figuran los componentes de *coherencia lineal* y *coherencia global*, así como el del léxico. Se trata de componentes procesuales generales que intervienen regulando toda esa compleja red de relaciones, cuyos hilos penetran en el tejido de la lengua y la traspasan para presentarla como una producción transparente, en cuyas aguas el lingüista intenta, entre brazada y brazada, penetrar en sus profundidades para arrancarle el secreto de su transparencia, de su organización, que por todo ello la hacen apta para la comunicación entre los humanos.

Todas las definiciones de los componentes deben ser recogidas en reglas (**R**), donde **R** significa: «considere la relación entre los contenidos de los paréntesis» (paréntesis y corchetes especifican):

TEXTO ET (TD, TL, TF, TO, TT) + I (CC, ICE, II) + SoCu (TLi, T, L) + Act.H + PFo), que debe leerse:

> El **TEXTO** se define como la **RELACIÓN** entre las **ENUNCIACIONES DEL TEXTO**, los **INTERLOCUTORES**, los parámetros **SOCIO-CULTURALES**, los **ACTOS DE HABLA** y los **PARÁMETROS FÓNICOS**.

II

PERTINENCIA DE LA PRAGMÁTICA LINGÜÍSTICA EN SU APLICACIÓN A LOS DICCIONARIOS MONOLINGÜES

Decía Sherman M. Kuhn que

> «I vocabolari, come la luce elettrica e le costituzioni scritte, devono essere classificati tra i fatti fondamentali della vita civile moderna. Senza di essi, la nostra civiltà occidentale indubbiamente sopravvivrebbe, ma solo a prezzo di un notevole aumento di frustrazione, di confusione e di infelicità»[101] (1954: 551).

El Diccionario es un texto, un discurso acabado, cuyo objeto no es, como suele creerse, la lengua y el mundo, sino lo que dice de la lengua y el mundo.

Si como dice Dubois: «Il [le dictionnaire] est le lieu privilégié de référence et au savoir linguistique et culturel» (1971: 8), el lexicógrafo, en su labor de registro de las unidades léxicas, debe tener como telón de fondo el sistema político, económico y sociocultural de la comunidad lingüística respectiva a la que sirve el diccionario. Es decir, el Lexicógrafo debe *saberlo todo* si quiere ser eficaz en su trabajo.

---

[101] «Los diccionarios, como la luz eléctrica y las constituciones escritas, deben colocarse entre los hechos básicos de la vida civilizada moderna. Sin ellos, nuestra cultura occidental sobreviviría sin duda, pero sólo al precio de un notable aumento de frustración»

Cada capítulo del Diccionario va encabezado por una *palabra-entrada* o *lema*, que se puede considerar como la macro-estructura del capítulo que encabeza, *significante léxico* que es objeto de la Pragmática lingüística, como lo es también la definición de *lema*, pues él, a través de la *transcodificación*, ejerce de intermediario imprescindible entre dos informaciones diferentes que afectan a grupos sociales también diferentes. El, por fidelidad a su condición de Diccionario, no sólo proporciona la información pertinente para resolver cualquier duda sobre ortografía, categoría gramatical de la palabra, campo del saber al que se refiere o límites geográficos, etc., sino que da *normas, regula, rechaza, sanciona*, en definitiva, determinados usos lingüísticos, sin dar mucho margen de tolerancia. El Diccionario es un pedagogo, pero sobre todo es un legislador implacable que hace cosas con palabras sin necesidad de explicitarlo (Dubois, 1971: 49-56). El Diccionario no constituye una excepción en este sentido. Cada uno de sus artículos se erige en un acto de habla eficaz, que implica y supone una serie de informaciones generadas pragmáticamente a partir de conocimientos compartidos por autor y lector. Entre las suposiciones se encuentran, por ejemplo, el conocimiento compartido de la lengua, la creencia en la utilidad del Diccionario, las condiciones de adecuación necesaria para que se lleve a cabo el hecho del lenguaje, el reconocimiento tácito de la superioridad jerárquica que se le atribuye. Pero, sobre todo, el acto semántico, explícito o no, de hacer una promesa, dar una orden o, sencillamente, transmitir una determinada información, adquiere su dimensión pragmática merced a la suposición adicional de que el oyente/ receptor no posee esa información.

El DRAE al que nos vamos a referir a partir de ahora como ningún otro texto cumple a la perfección ese requisito. Así se convierte en el lugar adecuado donde la Intención Comunicativa de lograr un Efecto (ICE) es más real que en ningún otro sitio.

También en el Diccionario podemos encontrar los Indicios (In) que remiten a sistemas culturales externos o extralingüísticos que tienen relación con los que intervienen en la comunicación lingüística. Sabemos que tanto emisor como receptor pueden condicionar el contenido de determinados «actos de habla», como por ejemplo las frases o expresiones elegidas y destinadas a la ejemplificación de las acepciones.

El Diccionario, como macrosigno que es, puede y debe ser objeto de análisis por parte de la *Pragmática Lingüística*, de acuerdo con los presupuestos establecidos en la parte teórica de este trabajo. Estudiaremos, en primer lugar, el *texto puro* sin otros añadidos. Es decir, abordaremos el análisis de los aspectos y componentes *cotextuales*.

Según hemos dicho más arriba, la *Pragmática Lingüística*, cuyo objeto es el análisis de actividades verbales, debe proporcionar las condiciones de satisfactoriedad para la expresión-acto o expresión realizativa[102], un parámetro que, en principio, sólo afecta a la *definición de signo*, segundo enunciado (Seco, 1987: 15-34), pues la unidad léxica en cuanto *signo*, aunque funcione como una expresión discursiva, no se presta a ser analizada en sus constituyentes y estructuras textuales, sencillamente porque carece de ellos: es una sola palabra. No podrá, por tanto, en este caso, hablarse de *coherencia lineal*, pero sí de *coherencia global*.[103] Cada entrada del diccionario funciona como una macro-estructura del texto del segundo enunciado. (Véase a este respecto el análisis de este segundo enunciado en III.2.1.).

---

[102] «La *satisfactoriedad* o *adecuación* de los actos ilocutivos viene dada por una serie de condiciones que deben formularse en términos constituyentes y estructuras del contexto comunicativo; dichas condiciones se refieren a la estructura de *hablantes* y *oyentes*, es decir, que la expresión de una frase es adecuada en relación con los deseos, intenciones y fines del hablante, así como de los conocimientos que posea el oyente en relación con dicha expresión [...]. El emisor entiende que debe seguir un orden peculiar de exposición o de narración. Se trata de seguir un «mecanismo» ya bien conocido sistemáticamente en lingüística como progresión *tópico-comentario* o *tema-rema*». (Cfr. Albert, 1987: 189).

[103] Sobre el desarrollo del concepto de 'coherencia', véase el capítulo I.1.2. Entendemos por *coherencia lineal* o *secuencial* el resultado del análisis de las relaciones de dependencia de las cadenas lineales que componen la superficie del texto capaces de producir *sentido*. La *coherencia global* no depende directamente de las relaciones de dependencia entre proposiciones, aunque lógicamente es condición *sine qua non*, salvo recursos de tipo pragmático que lo sustituyan, sino que se obtiene mediante unos mecanismos de reducción de la información semántica para obtener la macro-estructura del discurso, que necesariamente debe estar vinculada al *tópico del discurso* o unidad básica de representación. El tópico de un texto puede ser un titular si, en efecto, es representativo del sentido global.

1. La lengua del Diccionario y el mundo

1.1. El Diccionario y la lengua

El estudio de los elementos significantes de la lengua, así como su definición, son objeto de la lexicología. El DRAE define este término como el «estudio de las unidades léxicas de una lengua y de las relaciones sistemáticas que se establecen entre ellas». Para l'Encyclopédie o *Dictionnaire raissoné des sciences* (Diderot et D'Alembert, éd.) la «*Lexicologie* signifié *explications des mots*» (Rey, 1980: 41), cuyo oficio «est donc d'expliquer tout ce qui concerne la connoissance des mots [...]» (*Ibídem*).

Pero lo que aquí nos interesa en este momento es el estudio del léxico en los diccionarios. Según Alain Rey (1977), en el Renacimiento se reservaba el nombre de *Diccionario* para aquellas bilingües, mientras que *Tesoro* se aplicaba a aquellas otras obras monolingües, especialmente referidas al latín y el griego[104], aunque como el mismo Rey nos recuerda, en el siglo XVII servía para nombrar obras como la de Covarrubias.

Aunque es cierto que la historia de los diccionarios propiamente dicha no comienza hasta el Renacimiento, ya desde la antigüedad el estudio de las unidades lexicales produjo repertorios de nombres según un orden convenido, al mismo tiempo que aportaron informaciones sobre las palabras; es decir, la catalogación del léxico, aunque lógicamente como técnica de componer diccionarios, era absolutamente, cuenta con una larga tradición. Si ir más lejos, tenemos noticias de Aristófanes de Bizancio (S. II a. de J), director de la biblioteca de Alejandría y famoso gramático griego, que hizo una clasificación del léxico, al que sucederían otros, entre los más famosos el *Onomasticón* del sofista Julio Polux, un diccionario analógico en 10 tomos, que, según Casares, todavía en este siglo es objeto de consulta obligada para resolver muchos problemas del mundo clásico. Hacia el siglo II de nuestra era hay que citar el diccionario

---

[104] «Le mot *dictionnaire* a d'abord été réservé aux ouvrages bilingues (Robert Estienne, 1539), alors que le *thesaurus*, consacré au latin ou au grec, était monolingue (R. Estienne, 1532; Henri Estienne, 1572). Les ouvrages de l'italien Calepino paraissent dès 1502, alors que les *trésors* du début du XVIIe siècle (Nicot, Covarrubias) ne trouvont leur prolongement dans une suite régulière d'ouvrages unilingues que vers la fin du siècle». (Rey, 1977: 14).

chino, *Shuo Wen*, de Hsü Shen (los chinos también elaboraron listados de lenguas diferentes puestas en contacto); y sin determinar fecha, la antigüedad contempla una obra espléndida, el célebre diccionario sánscrito, *Amara Kosha*, aparecido posiblemente unos siglos antes de nuestra era; luego, ya en plena Edad Media hay que citar los diccionarios siriaco y árabe, ambos en torno al siglo X. Pero habrá que esperar al siglo XVI y comienzos del XVII para que aparezcan en Occidente[105]

---

[105] Hay que citar, en primer lugar, en Italia, el *Memoriale* (1601), de Jacopo Pergamino; el *Vocabolario metodico della lingua italiana universale* (Venecia, 1845), de Giuseppe Barbaglia; la obra de Carena, *Saggio di un Vocabolario metodico della lingua italiana* 1851-1860); el *Vocabolario metodico italiano* (1852-1855) de Zanotto; el *Dizionario metodico*, publicado en Turín en 1885, cuyo autor es Francesco Corazzini; el *Nuovo vocabolario metodico della lingua italiana* de Fanfani y Frizzi, aparecido en Milán en 1883. A principios del siglo XX (1915) Palmiro Premoli publica el *Nomenclatore Shcolastico*.

Los ingleses llegarán un poco más tarde. P. M. Roger publicó (Londres, 1852) su *Thesaurus of English words and phrases classified so as to facilitate the expression of ideas and assist in literary composition*, una obra que tuvo una gran acogida en todo el mundo. Fue plagiado en EE.UU., traducido al francés (París, 1859) y adaptado al alemán (Hamburgo, 1878). También en España el *Diccionario de ideas afines y elementos de tecnología, compuesto por una Sociedad de literatos bajo la dirección de D. Eduardo Benot, de la Academia Española*, que ése es su largo nombre, constituye una cierta imitación del *Thesaurus* inglés. Hay que citar además otro diccionario inglés, publicado por David Booth (Londres, 1835), el *Analytical Dictionary of the English Language*.

Por lo que se refiere a la lengua francesa hay que citar como diccionarios, fundamentalmente ideológicos, en primer lugar, el *Vocabulaire systematique*, de Ploetz, una obra preparada para las escuelas. Pero además Francia cuenta con obras de la categoría del *Dictionnaire logique de la langue française ou Classification naturelle et philosophique des mots, des idées et des choses*, publicado por Elias Blanc en 1882, así como el excelente *Dictionnaire analogique de la langue française*, de Boissière (París, 1862). (Véase a este respecto Casares, 1941: 91-111).

En España debemos referirnos al *Tesoro de la lengua castellana o española* (1611), de Sebastián de Covarrubias una obra de madurez, las primeras tentativas de descripción ordenada y científica del léxico, tal como hoy concebimos los diccionarios y la catalogación del léxico, debida fundamentalmente, a necesidades culturales, como nos recuerda Marcel Cohen en 1962:

> «Le temps de l'épanouissement de la grande érudition laïque de la Renaissance et de l'essor de l'imprimé a été aussi celui de l'éclosion véritable des dictionnaires. Deux aspects: 1. Diccionnaires d'une suele langue [...]. 2. Dictionnaires en plus d'une langue. Le savant italien Capelino a inauguré dès 1502 les dictionnaires étendus, mais sommaires dans la rédaction, de plusieurs langues en parallèle; on a eu ainsi à la fois: latin, grec, français, italien, espagnol. Les éditions poursuivies pas des continuateurs jusqu'au XVIIᵉ siècle ont atteint onze langues. Le titre était le terme nouveau *dictionarium*». (cit. Rey, 1980: 20).

Los diccionarios de lengua son en lo fundamental diferentes de cualesquiera otras obras de referencia[106]. El monolingüe debe reflejar el dominio de todas las estructuras léxicas de la lengua en cuestión,

---

cuya finalidad, en palabras de su autor, era componer un diccionario etimológico, emulando a San Isidoro, según dice en la dedicatoria al lector, y en cuyo trasfondo subyace aquel principio del Renacimiento, la *defensa e ilustración de las lenguas romances*. Sin duda ninguna que fue el mejor diccionario español entre Nebrija y el de Autoridades. Más que de un diccionario etimológico de lo que se trata es de una rica compilación de léxico usual de su época, que muestra la gran erudición de Covarrubias. La RAE lo valorará por su contenido y porque fue un adelantado de su tiempo. El gran diccionario español es, sin duda, el denominado *Diccionario de Autoridades* (1723-1739) de la Real Academia Española que, como es de sobra conocido, suprimidas las autoridades, dio lugar al DRAE.

[106]   Manuel Alvar Ezquerra habla de las características de «El diccionario de lengua», señalando las siguientes: 1. Abundancia de informaciones sobre el signo, que no suelen figurar ni en los vocabularios de especialidad, ni en las enciclopedias, ni en los diccionarios enciclopédicos [...]. 2.- El diccionario de lengua utiliza la palabra en cuantos contextos cree necesarios [...]. 3.- El diccionario de lengua es más o menos normativo [...]. (Cfr. 1991: 40-41).

así como describir a través de ejemplos sus estructuras sintácticas por medio del funcionamiento de sus unidades en uso[107]: se trata de un sistema productivo, encarnado en posibilidades sociales de expresión y de intercambio, y definido ya sea bien filológicamente por medio de un conjunto de discursos citados, o bien intuitiva y pragmáticamente. Así, por ejemplo, el *Diccionario de la Lengua Española*, publicado por la Real Academia en 1992 es, en consecuencia, un diccionario del léxico español que funcionaba activa y pasivamente en ese año, donde el «viaje en el tiempo» se hace en función del sentimiento de utilidad social.

Es claro que la elaboración de diccionarios responde a la necesidad de preservar las lenguas y, sobre todo, de facilitar el aprendizaje del léxico de una lengua, en el caso, claro está, de la creación de diccionarios bilingües. Los monolingües tienen como finalidad fundamental preservar el pasado de la lengua y responden a exigencias de información y de comunicación, así como para hacer prevalecer el buen uso de la lengua. Esa es la razón de ser de todos los diccionarios de lengua elaborados por las diferentes instituciones de los pueblos de cultura, especialmente aparecidos desde el siglo XVII en la Europa Occidental. Así se lee en el *Préface* del Diccionario de l'Académie Françoise[108] (1694) e igualmente en *A Dictionary of the English language* (1755) de Samuel Johnson. En el primer Diccionario de la Academia de la Lengua (1726-1739), el *Diccionario de Autoridades*, en su prólogo[109] dice lo siguiente:

---

[107] «[...] cuando el diccionario de la lengua comporta desarrollos culturales, su preocupación por describir el uso de la palabra, o por comentar los usos observados en el discurso, suele llevarlo a incluir elementos «enciclopédicos» en sus definiciones; éstas se transforman entonces en descripciones de estereotipos culturales que subyacen a los usos de la lengua» (Rey, 1988 [1982]: 55).

[108] «L'utilité des Dictionnaires est universellement reconnuë. Tous ceux que ont estudié les Langues Grecque et Latine, que sont les sources de la nostre, n'ignorent pas le secours que l'on tire de ces sortes d'Ouvrages pour l'intelligence des Autheurs qui ont escrit en ces Langues, et pour se mettre soy-mesme en estat de les parler et de les escrire» (cit. Rey, 1980: 21).

[109] Citamos por la edición facsímil (1990 reimp.) editada en Gredos por la Real Academia Española.

«El principal fin, que tuvo la Real Acadèmia Española para
su formación, fué hacer un Diccionario copioso y exacto, en
que se viesse la grandéza y poder de la Léngua, la hermosúra
y fecundidád de sus voces, y que ninguna otra la excede en
elegáncia, phrases, y pureza: [...] siendo tan rica y poderosa
de palabras y locuciones, quedaba en la mayor obscuridád,
pobreza è ignoráncia, aun de los própios que a manejan por
estúdio, y remóta enteramente à los extrangéros, sin tener otro
recurso, que el libro del Thesoro de la Léngua Castellana, ò
Española, que sacó à luz el año de 1611»

Ya hemos señalado que el diccionario de la lengua tiene por objeto
las palabras de un léxico y hablar del léxico es, a la vez, caracterizar la
lengua y adoptar el punto de vista taxonómico de la investigación y de
la clasificación de las unidades significantes. El diccionario presenta una
configuración compleja y conflictiva de «usos» de la lengua, entre las
cuales construye, quiéralo o no, una norma más o menos congruente y
estricta. Al hacer tal cosa, el lexicógrafo elabora también una imagen,
parcialmente artificial, subjetiva y probablemente engañosa en relación
con una realidad objetiva que nos sigue siendo desconocida. De ahí
las críticas de los lingüistas dirigidas a los diccionarios, que provienen
del hecho de que la lingüística se encuentra en situación de producir
modelos más científicos, pero que solamente conciernen a un objeto
elaborado, mucho más abstracto y carente de relación directa con el
funcionamiento empírico del diccionario que encara el uso social. La
eliminación o la acepción de las palabras tabú, de las palabras especiales,
regionales, arcaicas, nuevas (neologismos), el tratamiento de los
comportamientos léxicos considerados como «falibles», la elección de
los elementos de discurso-fuente (ejemplos y citas) permiten, cualquiera
que sea la apariencia de rigor de la descripción, discernir la ideología en
toda obra lexicográfica. Basta con asomarse, por ejemplo, a determinados
artículos, como *democracia*, *judío* o *comunista* en el Diccionario de la
Real Academia de 1925, ver cómo se definen esas palabras en 1970 y
en la edición vigésimo primera (1992), como tendremos ocasión de
comprobar. Se trata de palabras para las cuales la sensibilidad a las
evoluciones ideológicas está despierta.

El diccionario debe proporcionar, a fin de cuentas, indicaciones
sobre las relaciones entre las palabras y quienes las emplean, es decir
abordar la pragmática, terreno de los actos de lenguaje, de los usos, y

de los discursos, y no ya del sistema fundamental que la teoría llama «lengua».

La palabra (del diccionario) es una condensación (vs expansión) que organiza el conocimiento en un momento determinado y para una sociedad determinada en un conjunto de clases limitado. La palabra, algo distinto del concepto que refleja, añade su propia realidad al concepto, al mismo tiempo que el concepto encuentra en la palabra una fijación como también encuentran, sin proponérselo, sus propios límites. En este sentido palabras como *sirena*, *dríade* o *arimaspo* aunque obviamente no se corresponden con ninguna realidad fuera de la mera designación, es para el filólogo (el lexicógrafo) seres, cosas creadas (por la imaginación). Significado y referencia lingüística es todo uno, frente al filósofo que disocia lo uno de lo otro. En todo caso, como dice Pottier, refiriéndose al primero de los ejemplos citados:

> «*Sirena* «no es» ni un significante ni un concepto; es un signo o un referente, únicos significados posibles en el discurso: [...]. El concepto de caballo, el de sirena y el de libertad se encuentran al mismo nivel de análisis semiótico, y nada justifica que opongamos, en un mismo plano, el caballo a los conceptos de sirena y libertad» (1983 [1976]: 216, 217).

Es claro que lo que se plantea aquí, el lenguaje común, que es el que recoge el diccionario al que nos referimos, es la oposición entre *significado* (noción implicada por el término mismo) y *forma* (el soporte material de dicha noción), en el sentido hjelsmleviano de solidaridad o presuposición mutua. Estoy convencida de que establecer la oposición entre significado y forma no conduce a ninguna parte; no genera conocimiento útil; a fuerza de hablar de ello se ha desgastado. Es una obviedad afirmar que la lengua significa, que el lenguaje es la actividad significante por excelencia y, consiguientemente, que las palabras, la lengua que recogen los diccionarios, tienen significado. Sin embargo, situados en el ámbito del funcionamiento de la lengua, hay que advertir que la significación no es cosa que los signos o las unidades lingüísticas reciban por añadidura, sino que es su ser mismo, ya que la palabra no existiría sin ella. Es decir, la lengua es un signo o son muchos signos, o un sistema de signos, como señalaba Saussure allá a principios de siglo, pero entendido el signo no como algo psíquico sino como *unidad semiótica*. Cada una de las unidades del diccionario lo es no sólo en relación con todo el sistema, sino con el resto de elementos que componen la propia obra lexicográfica. Pero conviene señalar una segunda realidad también necesaria e imprescindible para que el lenguaje se construya y funciones; me estoy refiriendo a la «realización física» mediante el sonido articulado, que organiza las palabras dotadas de sentido. Este doble aspecto del lenguaje es el que es distintivo al imprimir a cada uno de los signos que componen un diccionario un valor distintivo también, haciendo de cada uno una *unidad semiótica*.

Cualquier disciplina que se precie -y utilizamos el término en el sentido de «2. Arte, facultad o ciencia», según el DRAE- debe decidir cuáles son sus unidades, que en el caso de la lengua difieren de cualesquiera otras disciplinas como es la de la naturaleza, que se caracterizan por formar parte del mundo físico. El lenguaje no es algo continuo, no participa del mundo físico; en todo caso es discontinuo, desemejante, distintas unas unidades de otras como elementos básicos y en número limitado, que se agrupan para formar nuevas unidades de diferentes niveles a medida que se asciende en la combinación y formación de unidades más complejas.

En el caso de la lengua del diccionario, debemos distinguir aquellos elementos que devienen signo lingüístico, como unidades distintivas dotadas de expresión (significante o forma envolvente material) y significado (concepto llevado por la expresión), y dentro de éstas distinguiremos a su vez aquéllas que se pueden someter a definición frente a las que únicamente se describen, y, por otro lado, las palabras que ni se definen ni se describen y que, desde nuestro punto de vista, no son signos, por lo que requieren otro tipo de análisis. Es decir, no son *unidades semióticas*, lo que significa que no están dotados de significación y así los percibe la comunidad que usa una misma lengua, aunque es cierto que el signo lo es en el instante en que una comunidad lingüística lo percibe como tal. El uso de una determinada unidad, aisladamente carente de significado, puede dotarla de sentido, aunque no de significado. De ello se colige que es en el uso de la lengua donde tiene existencia un signo, o al menos donde la tiene plenamente y el juego lingüístico es más complejo y rico. Pongamos un ejemplo: una unidad lingüística dotada de rasgos semánticos que un sujeto percibe puede manipularse de tal manera que el sentido captado por el receptor puede, en su *deslizamiento*, no sólo inaugurar una *contradicción*, en el sentido de la semiótica de Greimas, sino ocupar uno de los escalones a mitad de camino entre los dos miembros de la contradicción.

De lo anterior se derivan algunas consecuencias. La primera de ellas es que al «obligar» el uso al signo lingüístico a salir de sus propios límites (el valor genérico y conceptual que tiene en el sistema de la lengua) lo sitúa automáticamente en el terreno de la pragmática lingüística. La segunda tiene relación con la semiótica lingüística o semiología como ciencia del lenguaje, entendiendo por tal el análisis del signo de un sistema de signos, cuya propiedad es la de significar o *significancia*, y su composición en unidades significativas o los signos. Hay un abandono del dominio del signo que estudia la semiótica lo que implica un cambio rotundo de perspectiva. Así, la *semiótica* se constituye en la base (no común a todas los significantes léxicos que componen los diccionarios) sobre la que se construye la pragmática lingüística, como metodología de análisis también en el caso del léxico, como veremos más adelante. La lengua funciona en este caso como mediadora entre los humanos.

Es cierto que el diccionario está compuesto de entidades léxicas que pertenecen a la semiótica de la lengua, ya que tienen una realidad *sui géneris* en relación con el empleo lingüístico y desde este punto de vista la pragmática no tiene cabida como metodología de análisis en muchos casos, dado que dichas unidades léxicas se definen genéricamente como conjunto de rasgos que convergen en el concepto; sin embargo, como tendremos ocasión de constatar en capítulos sucesivos, muchas de las entradas del diccionario (las no semióticas) son susceptibles, y de una manera propia, natural, de ser estudiadas y analizadas por la pragmática lingüística. En la pragmática, como hemos señalado en otro lugar, intervienen los interlocutores, capaces de modificar en un instante, no sólo el significado «originario» de la unidad lingüística en cuestión, sino las circunstancias, no personales, de uso. Se trata, como decía Meillet, de la *inmanencia* frente a la *trascendencia* de la lengua.

1.2. La lengua y el mundo

Según del Diccionario de la Academia *lengua natural* (el DRAE remite a *lengua materna*) se define como «1. La que se habla en un país, respecto de los naturales de él». Pensamos que debe definirse por oposición a *lengua artificial* como un sistema social de comunicación históricamente dado y transmitido de generación en generación como vehículo principal de comunicación humana, es decir, se trata «conjunto significante» que trasciende y precede al individuo: la *lengua natural* domina a los sujetos hablantes.

Por otra parte, el *mundo natural* puede definirse como un conjunto de cualidades sensibles y características topológicas, en las que el individuo se inscribe desde su nacimiento, que tiene en común con la *lengua natural* su precedencia con respecto al individuo. Ambos conjuntos significantes integran lo que se entiende por *semióticas naturales*. Pero la lengua natural, definida como un *sistema de signos*, según el pensamiento saussureano, excluye cualquier alusión a los «objetos» del mundo «real», hasta el momento en que el individuo se apodera de ella para utilizarla en la comunicación -y esa es su primera función, aunque no la única, ciertamente-, se convierte automáticamente en un sistema de representación de la realidad, que ha alcanzado en su devenir histórico una relativa fijeza, merced a unas condiciones socioculturales muy definidas. «Cada texto es la voz de un mundo lejano que intentamos reconstruir», como dirá Segre (1990 [1979]: 16), en la que están comprometidas muchas disciplinas, como es la pragmática lingüística, que intenta, en su aplicación, *encontrar el sentido de la conducta lingüística*. No olvidemos que en «el uso del lenguaje como medio de comunicación entre los humanos todo nuestro cuerpo y toda nuestra mente están implicados» (Albert Galera, 1996: 6).

La afirmación de que al mismo tiempo que el niño aprende la lengua de un grupo dado, aprende su conocimiento del mundo, es hoy universalmente aceptado. El individuo, conducido desde su nacimiento al interior de un mundo significante, en la medida que progresa en la adopción de nuevas formas de comportamiento y en la creación de significantes organizados (sistemas culturales), en esa misma medida sus creaciones se van encerrando en el aparato conceptual de la lengua natural, que, como señala Benveniste, rodea por todas partes a la sociedad. A este mismo respecto Porzig, en ese excelente libro titulado *El mundo maravilloso del lenguaje*, dice que la lengua:

> «La han aprendido a un tiempo con la orientación del mundo; aprender la lengua materna y adentrarse en el mundo, conquistar su mundo, era la misma experiencia vital» (1974 [1957]: 93).

La lengua en su funcionamiento, aunque pueda sonar a contradictorio, se halla incorporada a un sistema más general, que es el de la cultura[110],

---

[110] La cultura concebida desde la semiótica se puede definir como el conjunto de informaciones transmitidas por una colectividad a través del tiempo,

junto con la que constituye una totalidad compleja. La palabra tiende, para ser ella misma, «hacia el horizonte ajeno»: la palabra como signo lingüístico es siempre palabra sobre «algo», es decir, el signo en cuanto signo remite siempre a algo diferente de él mismo. Para Bajtin la palabra es palabra precisamente porque vive fuera de sí misma, porque en ella se encierra la realidad:

> «La palabra, en su orientación activa hacia el objeto, vive fuera de sí misma; si hacemos por completo abstracción de esa orientación, quedará en nuestras manos el cadáver desnudo de la palabra, de cuya posición social, así como del destino de su vía, no vamos a poder saber nada. Estudiar la palabra desde su interior, ignorando su orientación hacia fuera, es tan absurdo como estudiar la vivencia psíquica fuera de la realidad hacia la que está orientada y que la ha determinado». (1991 [1975]: 109).

Ese es precisamente su estatuto semiótico (Greimas, 1973 [1970]: 54): la cultura organiza estructuralmente el mundo que rodea al hombre, constituyéndose a sí misma en sistema de signos. Simultáneamente la lengua natural desarrolla la función de dar nombre, organizar, estructurar la realidad dentro del marco de esa misma cultura. Gracias a que la lengua se encuentra investida de propiedades semánticas (máquina de producir sentido) -ése es un atributo constitutivo, inherente a su propia naturaleza-, nada puede ser comprendido que no haya sido reducido a la lengua, como no es pensable una lengua que no esté inmersa en un contexto cultural[111], como señala Benveniste:

---

después de que el «universo semántico» (la nebulosa de Saussure) ha sido articulado. En este sentido toda cultura es *memoria* y como tal se relaciona con la experiencia pasada. Esta construcción sólo puede ser identificada con un determinado elemento de la lengua del mecanismo memorizante. (Cfr. Lotman y Uspenskij, 1979 [1971]: 72).

[111]   «Cualquiera que componga un texto actúa una síntesis de elementos analíticos de su experiencia. Síntesis discursiva (lingüística) de elementos culturales. A su vez, el lector -el filólogo, en nuestro caso- analiza la síntesis realizada por el escritor y reconstruye los elementos en una síntesis

«Siempre vemos el lenguaje en el seno de una sociedad, en el seno de una cultura. Y si he dicho que el hombre no nace en la naturaleza sino en la cultura, es que todo niño en toda época, desde la prehistoria más remota hasta ahora, aprende necesariamente con la lengua los rudimentos de una cultura. Ninguna lengua es separable de una función cultural [...]. El lenguaje siempre ha sido inculcado a las criaturas humanas, y siempre en relación con lo que se llaman realidades, que son realidades definidas, por necesidad, como elementos de cultura [...]. Empleando la palabra actúa, pues, sobre el mundo y muy pronto se da cuenta oscuramente» (1977 [1974]: 26)[112].

---

interpretativa. Este ciclo análisis-síntesis-análisis-síntesis constituye una actividad eminentemente semiótica» (Segre, 1990 [1979]: 16).

[112] Toda cultura cuenta con un vocabulario específico. «El vocabulario -dirá Benveniste (1977 [1974]: 102)- conserva testimonios insustituibles acerca de las formas y las fases de la organización social, sobre los regímenes políticos, sobre los modos de producción que han sido empleados sucesiva o simultáneamente». Es claro que la realidad que supone que la historia del pensamiento moderno y los principales logros de la cultura intelectual están vinculados a la creación y manipulación de unas cuantas palabras, que Benveniste califica de «esenciales». A este respecto, el mismo Benveniste (1974[4] [1966]: 209-218) recoge las ideas principales de un estudio realizado por Lucien Fevre (1954) sobre la historia de la palabra *civilización* y lo asocia a dicha palabra entre fines del siglo XVIII y mediados del XIX. En este mismo sentido Jost Trier, ya desde 1923, como él mismo dice, establece la relación del vocabulario alemán de la esfera conceptual del conocimiento y la situación y visión del mundo particulares. El lenguaje es el organizador de la experiencia y ello se ve mejor en el terreno de las ideas abstractas. Hacia 1200 Trier aprecia que el vocabulario alemán del conocimiento descansa sobre tres pilares, que son las palabras siguientes: *kunst* (aplicada a las esferas cortesanas del saber o conjunto de los conocimientos del caballero), *list* (la sabiduría fuera de las esferas de lo cortesano: la destreza técnica del artesano, por ejemplo). Según esto, en el plano del conocimiento se opone una sociedad cortesana a una sociedad villana. Es una sociedad dividida que recobra su unidad y, por lo tanto, salva su universalidad al entrar en juego el término *wisheit*, palabra que se relaciona hiperonímicamente con las otras dos, porque ella se refiere

Otra propiedad de la lengua es la de su empleo, que conduce a un análisis diferente, pero que, en conexión con la propiedad semántica, genera una nueva propiedad: la *sintagmática*, haciéndose así apta para la designación y expresión de los diferentes mundos que rodean al individuo y con los que este mismo se relaciona (Benveniste, 1977 [1974]: 95-106). Acontece así el fenómeno del «diálogo» de la palabra con el objeto designable. Esa «dialogización» interna es un acompañante indispensable de la estratificación del lenguaje en su proceso de formación histórica, como señala Bajtin (1991 [1975]: 147), que está presente, en mayor o menor medida, en todos sus dominios. La «armonización» del mundo y la «re-armonización» del lenguaje se unen en el proceso de formación plurilingüe del mundo, poniendo en correlación (no es una correlación estructural) dos niveles de realidad heterogénea. Estas dos realidades se explicitan como sigue: una «realidad» semiótica, tal como resulta de la descripción de los mecanismos de las lenguas naturales y de la construcción de los conceptos epistemológicos que presupone, que se encuentra confrontada con la «realidad» pragmática, es decir, con las otras formas de existencia social e individual (Greimas, 1980 [1976]: 55).

Aunque sostengamos la afirmación de que la lengua es sólo parte de la cultura en cuanto que está incorporada en su funcionamiento a un sistema más general, hay que señalar al mismo tiempo que es una «intermediaria» absolutamente necesaria para establecer la conexión entre el ser humano y el mundo. Sirvan de ejemplo a este respecto las estructuras antagónicas blanco/negro, arriba/abajo, etc. como especiales formalizaciones estructurales con que el hablante organiza su *mundo*. Pero ocurre que, cuando la medida fundamental de los elementos

---

al conocimiento espiritual, considerado a la vez desde los puntos de vista moral, estético y, sobre todo, religioso, que puede ser común a las dos mitades en que *kunst* y *list* había dividido la sociedad medieval. Por eso las cubre a ambas, salvando así la unidad, la universalidad. En este juego queda reflejada perfectamente la sociedad jerárquica medieval: una división de clases fundada en la organización con sus dos principios fundamentales: el *feudalismo* y la *universalidad*. Trier publicó su obra en Heidelberg en 1931 (*Der Deutsche Wortschatz im Sinnbezirk des Verstandes*) y con ella, con su concepción de 'campo', dio origen al desarrollo de la semántica moderna. Sobre los «campos lingüísticos de Trier» véase un breve resumen de Pierre Guiraud (1976 [1955]: 72-76).

léxicos estriba exclusivamente en la experiencia humana, la operatividad lingüística es poco menos que absoluta. Piénsese, por ejemplo, en dualidades léxicas como bueno / malo, alegre / triste, agradable / desagradable, etc.

Con esto no queremos decir que las estructuras lingüísticas sean reflejo exacto de la realidad objetiva, sino que ésta interviene directamente en la estructuración de aquéllas. Es frecuente encontrar oposiciones claras a nivel léxico que, en el ámbito de sus denotados específicos, nos inducen a constantes situaciones de ambigüedad. Como ejemplo se pueden poner las parejas día / noche, casa / palacio, monte / cabezo, etc. Es cierto que la funcionalidad lingüística se resuelve en el cifrado subjetivo de la realidad denotativa mediante su propia sistemática estructural (Ramón Trives, 1979: 126, 165ss), cuya autonomía no puede estar al margen de la tensión lengua-mundo. Pero la lengua, como cualquier constructo de acercamiento a la realidad denotativa, opera sobre la base del principio de economía funcional, en la que el conocimiento experiencial del mundo o contexto juega un papel primordial. Expresiones del tipo *el uso del gato me permitió cambiar la rueda*, sin el conocimiento del mundo de denotados donde es conocido el empleo característico del dispositivo a que hace referencia la pieza léxica «gato», dicho enunciado sería inaceptable.

Las diferencias metodológicas, desde el estructuralismo, aferrado a su tesis de la inmanencia y el funcionalismo europeo, que contrasta con la línea generativo-transformacional en la que la referencia al denotado es esencial (Coseriu, 1981: 11-86), pasando por la potenciación de los aspectos positivos de metodologías como la «Wörten und Sachen» *Palabras y Cosas*, sin olvidar las aportaciones de la «lingüística comparada», han ido esclareciendo diferentes aspectos complementarios de la lengua, enriquecida también con las llamadas «implicaciones pragmáticas» o socio-culturales, dentro de la ya citada metodología generativo-transformacional. Sin el auxilio de algunos presupuestos pragmáticos, determinados enunciados no serían factibles.

De todo lo anterior, parece provechoso el establecimiento de los justos límites del funcionamiento lingüístico inmanencial, así como el ámbito de interconexión dialéctica lengua-mundo, si no se quiere falsear la realidad de la naturaleza funcional lingüística, ni tampoco condenarla a la estéril condición de la absoluta incomunicación con el mundo del que indudablemente se nutre y al que necesariamente orienta.

Los cambios culturales y los Prólogos *en el DRAE*

Decíamos más arriba que a medida que se aprende la lengua se introduce el sujeto en el mundo y lo va aprehendiendo, encerrándolo en el aparato conceptual que constituye la lengua: lengua y cultura, lengua y mundo se organizan y se condicionan mutuamente. Nada se puede comprender sin la mediación, sin haber sido reducido a la lengua y ésta presenta como una de las propiedades más destacadas la de su empleo, tendiendo ella misma hacia el mundo. La cultura y el mundo en tanto que son dinámicos producen cambios en la lengua y, consiguientemente, en la estructuración del vocabulario, que los diccionarios refleja en cada una de las ediciones sucesivas, razón de ser de ellas mismas. Si no se produjesen cambios en la sociedad y en el mundo, no tendría sentido cada una de las nuevas ediciones de cualquier diccionario. Es decir, los cambios en el DRAE que supone la incorporación y desaparición de palabras, así como la incorporación de nuevas acepciones, viene motivado por los cambios que se producen en la realidad extralingüística. Ése es el objetivo de la Real Academia Española al preparar cada una de las ediciones sucesivas. La Pragmática Lingüística debe aplicarse por una parte a dichos cambios; el DRAE, como ningún otro texto se presta a este tipo de análisis, ya que se convierte en el lugar adecuado donde la Intención Comunicativa de lograr un Efecto (ICE) es más real que en ningún otro sitio. Lo que pretende la RAE y los porqués de sucesivas ediciones se explicita en el PREÁMBULO de cada una de ellas, y que casi nunca leemos. Dicen Haensch y Otros (1982:11) que

> «Ignoramos el gran provecho que se puede sacar de un diccionario, porque no nos tomamos la molestia de estudiar su parte introductoria».

Vayamos a los prólogos de algunas ediciones del DRAE. En la edición novena (1843) en su extenso y condensado PRÓLOGO se queja de aquellos que han hecho críticas a la Academia por no haber introducido en su edición anterior (1837) determinados vocablos, justificando la exclusión de las voces técnicas de las ciencias y las artes porque «no han salido del círculo de los que las cultivan» y que, por lo tanto, no han llegado a vulgarizarse. Sobre las voces extranjeras la Academia debe estudiar antes y convencerse de que la adopción del vocablo en cuestión es «constante y sostenida», y sobre todo si se ha castellanizado. Habla también de voces que designan «objetos frívolos, transitorios y casi siempre de origen y estructura extranjera» u «objetos de modas pasajeras y fugaces, como *canesú, bandolina, capotas* y otros à este tenor que nacen hoy y mueren mañana».

En esa continuidad de responder a las necesidades culturales, desea que «[...] siga perennemente observando y notando paso à paso las vicisitudes, que ocasionen en la lengua la variedad de circunstancias y la corriente de los años». Y más adelante continúa así: «El estado de civilización universal, y el comercio recíproco de todas las profesiones, introducen en el lenguaje común frases y vocablos técnicos de las mismas, los cuales saliendo de los límites de las ciencias y artes à que corresponden, enriquecen el idioma general».

En la décima edición (1852) se dice lo siguiente: «El mayor número de vocablos ahora agregados procede, ya de las novedades que han experimentado en todos los ramos de la administración pública por consecuencia de las actuales instituciones políticas, ya del rápido vuelo que à su sombra tutelar han tomado las artes, el comercio y la industria».

La duodécima edición (1884) señala como novedad con respecto a las anteriores «el considerable aumento de palabras técnicas con que se la ha enriquecido. Por la difusión, mayor cada día, de los conocimientos más elevados [...]. Varias de las palabras admitidas recientemente son neologismos que se han creído necesarios para designar cosas faltas de denominación castiza».

En la edición de 1925 (décimo quinta), el DRAE, en cuyo título se adopta el nombre de «lengua española» en vez del de «castellana» que antes se estampó en sus portadas[113], dice que «se han incluido (sic) muchas voces técnicas» [...], procurando «poner el Diccionario al nivel del estado actual de las ciencias y de las artes».

En 1956 (edición décimo octava), en el PREÁMBULO se dice textualmente que «se han incorporado al DICCIONARIO muchas voces que corresponden al vocabulario puesto en circulación por las técnicas

---

[113]   «La Academia, ya desde el prólogo de su primer Diccionario empleó indistintamente las dos denominaciones de lengua castellana y española, en lo cual no hacía más que atenerse al antiguo uso de nuestros autores clásicos, que también daban ambos calificativos a la lengua literaria principal de la Península" (ADVERTENCIA de la décimo quinta edición, 1925).

modernas en medicina, automovilismo, deportes, radio, física nuclear, etc. [...], neologismos que, de poco tiempo a esta parte, han arraigado y tienen amplia difusión en el lenguaje; como *antibiótico, genocidio, cromosoma, deuterio, poliomielitis, cibernética*, etc.». Y en la décimo novena edición (1970) se han aumentado un número importante de voces y acepciones «como consecuencia del rápido progreso que se observa en las ciencia y en las técnicas» y añadir «nuevas acepciones y otras para poner al día definiciones que resultan anticuadas, cuando no claramente erróneas a la luz de los conocimientos de hoy».

Y en su vigésima edición el DRAE dice textualmente: «Los cambios en la vida y en la sociedad, las novedades constantes en la ciencia y en la técnica, le han impuesto [a la Academia] el estudio y la aceptación de multitud de novedades en el léxico, y en la última (1992), que tiene como motivación la «celebración del V Centenario del descubrimiento de América», dice que «muchas de las enmiendas obedecen a la necesidad de poner al día lo anticuado».

2. La lengua del Diccionario y su relación con el Lexicógrafo

2.1. La presencia del yo y del tú

El individuo manifiesta la realidad utilizando la única herramienta que le es exclusiva, la lengua, que, aunque no pueda cambiarla, sí es capaz de ir modelándola, para que no deje de ser apta en su función como vehículo de significados y de valoraciones sociales. El sistema lingüístico del que se vale el lexicógrafo es claro que representa un papel importante en el desarrollo y elaboración de los diccionarios. Sólo él es capaz de establecer las relaciones que ligan la lengua con los objetos que representa y a los que se dirige. A diferencia de la gramática, el léxico está profundamente ligado al conocimiento del mundo y esa trabazón sólo puede establecerla el sujeto provisto, dotado, de la competencia lingüística adecuada. La competencia lingüística del lexicógrafo, hasta hoy afortunadamente imposible de ser sustituida por una máquina, proporciona valiosos datos lexicógrafos que enriquecen, o en su caso empobrecen, la propia obra que «salga de sus manos».

Los diccionarios de lengua son objetos culturales, que constituyen un inventario de lexemas o listado de unidades léxicas ya codificadas, con sus definiciones, donde las palabras se encuentran *aparentemente* en estado «puro», libre de asociaciones contextuales, como dice Ullmann (1972 [1962]: 45):

> «cada una de ellas puesta a la vista como una entidad independiente con su propio significado o significados. El vocabulario da así la impresión de un vasto sistema ordenado en el que todos los artículos de nuestra experiencia están registrados y clasificados»,

Afirmar que el Diccionario es un objeto cultural implica que la lengua del DRAE está inmersa en la cultura. Por lo tanto, si se me permite la expresión, diré que la lengua del DRAE es una lengua «culturizada». ¿Significa tal expresión que podemos hablar por un lado de «lengua natural» y por otro de «realidad cultural» o «cultura» a secas? ¿Qué es lo básico? La clave de la cuestión parece ser que lo cultural y lo natural están tan íntimamente asociados en los vocabularios de las lenguas naturales que, a menudo, es imposible decir que lo uno sea más básico, entendido como dato y realidad primigenia, que lo otro. Y el DRAE no es una excepción en este sentido; ambos aspectos caminan en paralelo, y, en ocasiones, se imbrican y superponen. Las fronteras entre lo cultural y lo dado por la naturaleza son difíciles de establecer: lo natural se nutre de lo cultural, mientras que la cultura se *inserta* en la naturaleza y la orienta en su deambular a través de los siglos.

¿Qué relación podemos establecer entre lo dicho más arriba y el *significado* en el DRAE? Establezcamos como punto de partida una distinción metodológica: el *significado* en el DRAE se identifica con la lengua del silencio, mientras que el *sentido*, patrimonio del enunciado, es la lengua en funcionamiento, la lengua que nace y se desarrolla en el seno de la comunidad humana y como tal condicionada por circunstancias socioculturales. Si, en efecto, aceptamos como una máxima la afirmación anterior, debemos concluir que la Pragmática Lingüística no puede contemplar como uno de sus objetivos el estudio de la lengua del diccionario, ya que, según hemos establecido en los *Presupuestos teórico-.metodológicos* dicha disciplina se ocupa del sentido. Recordemos a este respecto que el *contexto*, uno de los niveles de investigación que integran la Pragmática, se ocupa de todo cuanto tenga relación con el comportamiento lingüístico, es decir, analiza los actos que se derivan o que condicionan la producción y la recepción del enunciado lingüístico, como son el tipo de «relaciones» que mantienen emisor y receptor (autor / lector), sin duda condicionadas por la categoría social a la que cada uno de ellos pertenezca, las «actitudes» mutuas en esas relaciones y frente a las normas, obligaciones y costumbres sociales, etc., en tanto que son capaces de condicionar la interpretación de un mensaje.

En la consideración del hablante, del lexicógrafo en este caso, el *yo* cuando habla lo hace a partir de sí mismo; y al hablar emana de sí y a sí retorna: uno o una se determinan como sujetos siempre en relación con el otro o la otra, lo que no obsta para que la lengua como tal y sustentada en la producción individual sea al mismo tiempo supraindividual, asegurando así el doble funcionamiento subjetivo y referencial del discurso. Esta doble realidad entre el *yo* y el *no-yo* opera con índices especiales que son constantes en la lengua; me estoy refiriendo a los pronombres personales, aunque también se puede reflejar mediante otro tipo de índices u otras expresiones. De esta manera se establece la oposición *yo* / *tú*, una estructura de alocución imposible fuera del medio humano. La *referencia* entra en juego cuando se actualiza la oposición del sistema *yo*, *tú* / *él* (discurso sobre las cosas, sobre el mundo), que completa el fundamento sobre el que descansa el doble sistema relacional de la lengua.

Una nueva dimensión hace su aparición cuando la lengua entra en funcionamiento, es decir, cuando se utiliza como el medio de intercambio comunicativo:

> «es la inclusión del hablante en su discurso, la consideración pragmática que plantea a la persona en la sociedad en tanto que participante y que despliega una red de relaciones espacio-temporales que determinan los modos de enunciación» (Benveniste, 1977 [1974]: 103).

El *yo* con su presencia explícita desarrolla además unas relaciones de oportunidad e intencionalidad, que sitúa a la persona en la sociedad en tanto que participante de ella en una determinada clase de autoridad que condiciona su producción discursiva. Es un *yo* que se dirige a un *tú*, los dos *interlocutores*, que identificado (II) explicitan las «relaciones» que se establecen entre emisor (lexicógrafo) y receptor (lector). El *tú* se reviste de una importancia lingüística que obligará al *yo* a actuar lingüísticamente de una determinada manera en las definiciones, en los ejemplos, en las remisiones, etc. No es lo mismo Diccionario Escolar que el de uno

Enciclopédico o Científico, o el mismo DRAE, pues el *destinatario*, a su vez, condiciona la labor del Lexicógrafo. A este respecto Julio Casares (1969:145) habla de que en los antiguos léxicos podía hablarse en las definiciones de «nuestro rey», «nuestra patria», «nuestras costumbres», etc. Hoy ese «nuestro» hay que manejarlo con cautela para que no resulte falso al transponer las fronteras geográficas, en una lengua hablada por muchos países.

La lengua es una práctica humana; es el uso particular con unos fines determinados; es la apropiación que de ella, supraindividual y común a todos, hacen determinados grupos. El individuo y el grupo dejan su huella en la lengua, atribuyéndole referencias específicas que se adaptan a los propios intereses y cuyos términos cargados de valores nuevos ingresan en la lengua común enriqueciendo los valores del léxico. La huella puede no ser permanente por estar vinculada al uso en un discurso concreto y debido a la presencia de esos índices personales, a los que aludíamos más arriba. De ahí que sea fundamental analizar también las huellas que emisor y receptor dejan en los textos. Así, por ejemplo, la presencia de un YO que se dirige a un TÚ puede imprimir una cierta fuerza persuasoria al mensaje, al introducirse el autor, consciente o inconscientemente, en el texto en un intento de modificar la conducta del destinatario del mensaje (Reardon, 1983: 30-32 [1981]).

También la comprensión de un mensaje tiene que ver con el emisor, con el tono en que comunique y que, en el caso de un texto escrito los signos de puntuación tratan de reflejarlo, aunque -también hay que decirlo- no siempre en toda su amplitud. La entonación expresiva y la mímica (los paralingüísticos) son para el que habla un comentario perpetuo de sus palabras, y de las que también, en cierta manera, se hace eco el diccionario, enriqueciendo y, consiguientemente, modificando el sentido último del mensaje. A este respecto, Coseriu apunta que:

> «Significado es todo lo que efectivamente se comunica, se sugiere o se evoca; lo que el hablante quiere comunicar y lo que el oyente comprende como comunicado. Lo que no se puede olvidar ni desconocer es que las palabras no significan para el lingüista o par el lexicógrafo, sino para los hablantes» (1982[3] [1955]: 206),

Si, según acabamos de señalar, aceptamos que el valor expresivo de un giro se explica muchas veces sólo por su entonación y, consiguientemente, el mensaje -el significado- encerrado en las palabras que componen dicho giro, puede no coincidir con el sentido adquieren en el recorrido del emisor al receptor, en virtud de *ser dichas*, parece claro que el diccionario, al menos en las meras *entradas lexicales*, no puede ser estudiado desde esta perspectiva. Aceptamos que existe una diferencia, no digamos esencial[114] entre la lengua escrita y los caracteres de una lengua «viva».

Veamos. Dos aspectos distinguimos en este estudio: el primero tiene relación con las palabras puestas en boca del emisor y «recibidas» por el receptor que es donde adquieren su pleno sentido; en el segundo nos vamos a referir a la presencia, explícita (el *yo y/o el tú*) o no (otros índices), análisis éste que descubre, como veremos, modificaciones en el sentido en relación con la alusión nula a cualesquiera índices «personales». De ahí que debamos, en este nivel de análisis, tratar de descubrir tales elementos y organizar su pertinencia para el sentido.

Así, pues, ¿cómo se puede rastrear la presencia de esos índices en el texto del diccionario?

La fuente del diccionario es un sujeto de enunciación colectivo y es atemporal. Este sujeto se identifica con la lengua española, la lengua de ese objeto diccionario que el lexicógrafo está elaborando, es capaz de establecer y distinguir las variantes regionales, históricas o sociales. Pero aparte de tener en cuenta esto, que es de carácter general, hay que habla de la *reintroducción del sujeto de la enunciación*.

El lexicógrafo se introduce en el diccionario de una manera inconsciente a través de los ejemplos que selecciona. Éstos que cumplen una función lingüística y de significación cultural, contienen toda una serie de aserciones sobre el mundo y las cosas, lo que implica una ideología determinada, que puede ser la de la pertenencia a un grupo, con el que el lexicógrafo se identifica. Puede reflejar además: una manera personal de juzgar las cosas; la expresión de un pensamiento o un juicio moral; una opinión filosófica o política, «Ils forment un texte *idéologique*, constituent une morale, une politique, etc.» (Dubois 1971: 92), y hasta la experiencia y el resentimiento personal. Así, expresiones admisibles en

---

[114]   Entendiendo por tal no lo que constituye, lo que es propio de su naturaleza, lo permanente e invariable, sino lo que precisamente por lo que es, por su esencia, la habilita para diversas funciones significativas.

una situación política determinada, son inconcebibles en otra. También reflejan la ética y la estética del lexicógrafo:

> «Les phrases d'exemple, et davantage encore les citations que soutient l'autorité de leurs auteurs, peuvent être l'expression d'une pensée ou d'un jugement moral, d'une opinion philosophique ou politique, voire même à l'occasion d'une expérience ou d'une ressentiment personnel du lexicographe» (Quemada, 1968: 527, citado pr Dubois, 54).

Por otra parte, los ejemplos, aunque puedan y quizás deban ser tomados de fuentes diversas que muestren una amplia representatividad del empleo del vocablo, pueden tener su base en la espontaneidad del lenguaje emitidos por la comunidad lingüística nativa: es la razón de que muchos ejemplos han sido tomados de autores que nunca han sido citados como maestros del idioma; las palabras deben buscarse y definirse allí donde son utilizadas. El diccionario es como un espejo en el que el lector debe reconocerse a la vez como hablante nativo y como participante de una cultura: en él debe encontrar no solamente la confirmación de sus juicios de gramaticalidad, reconociendo la corrección de las frases, sino también los juicios de aceptabilidad que reconocer su pertenencia a una cultura.

La relación de la entrada con el ejemplo es la misma que se establece entre *tópico* y *comentario*. El ejemplo puede constituir una parte de la definición, lo que hará que se construya sobre el esquema de la pareja sinonímica: *A es B en una situación X*. Tanto las citas como las frases inventadas siguen con frecuencia este criterio.

Al hablar de la importancia de descubrir las huellas de lexicógrafo en el Diccionario, que de alguna manera lo personaliza, no nos estamos refiriendo a la neutralidad que respecto a determinados contenidos deben reflejar los redactores de estas obras. En este sentido, el lexicógrafo, que forma parte de un equipo en la elaboración de una obra de carácter lexical como es un diccionario, debe evitar la manera personal y subjetiva de expresar sus propias ideas en la redacción de los artículos del diccionario, en lo que puede atentar a la falta de uniformidad requerida en cualquier obra de este tipo; y por ello debe evitar la expresión de lo particular, sobre todo cuando se trata de lenguas habladas por millones de seres humanos, como es el caso del español. De ahí que, tanto las definiciones, como las ejemplificaciones, sean entendibles, verdaderas, en cualquier lugar donde se tenga dicha lengua como lengua materna. A este respecto, Julio Casares presenta varios ejemplos de definiciones en las que se habla de «nuestro rey», etc. Las palabras de Casares son bien claras al respecto cuando muestra el deseo que se refleja en el texto siguiente:

> «Postulamos, pues, para el lexicógrafo una elevación de criterio que le permita prescindir de las diferencias accidentales que separan a los hablantes, a fin de que le sea posible percibir con más claridad lo que hay en todos ellos de común como partícipes de una misma conciencia lingüística, y también le pedimos una renuncia temporal a los prejuicios y gustos personales, para que no interpongan entre los hechos expresivos estudiados y la interpretación ecuánime, pulcra y severa de tales hechos» (1992[3]: 145).

Mucho más flagrante resulta la vulneración del principio de neutralidad al constatar algunos ejemplos de diccionarios de otras lenguas, recogidos por el propio Julio Casares (*Ibídem*), suficientemente ilustrativos de lo que decimos. Lo que denomina *infracciones* al criterio de neutralidad se refleja bien en el Diccionario inglés, *A dictionary of the English Language* (1755), compilado por Samuel Johnson. Según D. Julio «revela ya un prejuicio individual inadmisible en nuestros días», ya que al definir el «impuesto de consumo», Johnson se permite adjetivos de esta guisa: «impuesto odioso», cuyos encargados de aplicarlo son «unos miserables». O también algunas joyas que recoge el *Nuevo Diccionario de la Lengua Española*, redactado en la segunda mitad del siglo XIX por la denominada «Sociedad Literaria» (llama «pobres tontos» a los que se someten voluntariamente a la coyunda matrimonial), y no menos original que el *Diccionario Moderno* del italiano Alfredo Panzini (1863-1939), en el que el autor transmite su impresión personal frente a los vocablos, como cuando llama ¡*Infeliz!* al enamorado, que nos lleva más que a conocer el significado de las palabras la psicología del propio Panzini.

2.2. La ejemplificación en el DRAE

El léxico de todo diccionario como macroestructura refleja una sociedad, pero los ejemplos en tanto que representan discursos sobre el mundo nos sitúan en los centros de interés de ese mundo y suelen ser expresión de los juicios sobre la sociedad que tal lengua describe[115], en la que el lexicógrafo no es un elemento neutro, sino que al escoger el ejemplo adecuado se refleja su modo de ser y de pensar en relación con esa misma sociedad a la que ejemplo y lexicógrafo pertenecen. En principio es sensato pensar que el lexicógrafo elige un ejemplo de contenido banal, es decir, escribe lo primero que se le ocurre, pero es obvio que la ocurrencia será diferente dependiendo de quien sea el que la elija. Es claro que los ejemplos literarios pueden enmascarar fácilmente la realidad social, frente a los no literarios o de creación personal la muestra, pero vista por el lexicógrafo según un modo personal de verla. De ahí que

> «Le dictionnaire a donc une double personnalité: una personnalité au niveau métalinguistique (prédication métalinguistique variant et nature et même en qualité d'un dictionnaire à l'autre) et une personnalité au niveau mondain dans une lecture des exemples» (Rey-Debove, 1971: 273).

Algunas frases escogidas al azar del DRAE podrán servirnos para ilustrar lo que decimos.

Así, por ejemplo, ¿por qué no decir: «*María* MONTABA *un purasangre*», en lugar de *Pedro* MONTABA *un alazán,* como figura en la acepción 3 del artículo **montar** (vigésima primera edición)?

En el caso de la palabra **cruel** del DRAE, cuya acepción nº 3 ('Insufrible, excesivo') trae como ejemplo la frase: «*Hace un frío cruel*». En la hipótesis de que el lexicógrafo hubiera sufrido tortura, con toda probabilidad diría algo así como: *Sufrí una tortura cruel.* Y no digamos si en el momento de la redacción se estuviera produciendo la noticia de la liberación del Sr. Ortega Lara, con la imagen angustiosa que todos recordamos.

---

[115] Rey-Debove (1971: 258-311) dedica un amplio capítulo al ejemplo donde trata en profundidad de sus caracteres generales y la información que aportan en relación con la palabra-entrada a la que ilustran, sino que además presenta un ensayo de tipología del ejemplo, tomando como base los contenidos de dicha información.

O también en **a²**, en la acepción 11 («Precede a la designación del precio de las cosas»), el ejemplo que trae: *A veinte reales la vara; A cincuenta la fanega,* no se me hubiera ocurrido a mí, amén de que ya no funcionamos con reales, sino con pesetas, y dentro de un par de años, pondremos ejemplos con euros, que será la moneda que manejemos en la Comunidad Europea. ¿Y qué pasa de los países que tienen como lengua materna el español y que no pertenecen a Europa, como son los americanos). Por otra parte, la *vara* es una medida de longitud inusual en el mundo hispánico, y en lo que se refiere a la medida de capacidad para áridos, la *fanega,* depende su valor de la zona de España de que se trate. Y en todo caso no es una medida habitual en el mundo de la ciudad. Y no digamos en el caso del verbo DAR, acepciones 10 («producir, rentar un interés»), la ejemplificación mediante la frase: *Un olivar* DA *buena renta,* sería más bien propia de un lexicógrafo ubicado en Jaén, pero no vasco, por ejemplo.

De la misma manera el verbo **cundir**, en su acepción nº 4 («Dar mucho de sí una cosa; aumentarse su volumen»), difícilmente se podrá dar la frase: *El buen lino* CUNDE *porque da mucha hilaza* en un redactor del diccionario que no esté familiarizado con ese producto de la tierra, salvo en la circunstancia en que se hable de ese tema, como ha sucedido recientemente entre los militantes de los dos partidos mayoritarios del espectro ideológico-político español.

Pongamos por caso la palabra-entrada **beatificar**. Supongamos que el lexicógrafo, en el momento de elegir una frase para ilustrar la acepción 3 del DRAE («Declarar el Sumo Pontífice […],), se está produciendo una cierta polémica en la sociedad en torno a la beatificación del Fundador del Opus Dei, es muy probable que escriba una frase más o menos parecida a ésta: «El Papa acaba de **beatificar** a Escribá de Balaguer»[116].

Y si tuviéramos que ejemplificar **atentado** en su acepción 6: «Agresión contra la vida o la integridad física o moral de una persona», hoy precisamente, que hemos contemplado en las imágenes de televisión el atentado de ETA producido ayer en Madrid, 21 de enero de 2000. Por cierto que las siglas de la organización terrorista todavía no se han introducido en los diccionarios, aunque figura en la edición de

---

[116] Debo decir que la primera vez que preparaba el curso de doctorado sobre pragmática lingüística se estaba produciendo, precisamente, lo que acabo de contar y ése fue el ejemplo primero que me vino a la mente.

1989 del *Diccionario manual e ilustrado de la lengua española* de la RAE, precedido como es preceptivo, según sus propias normas, del signo [. Por cierto, que **etarra** figura por primera vez en la edición del DRAE de 1992 definida como sigue:

> «1. adj. Perteneciente o relativo a la organización terrorista ETA. Apl. a pers. [...]».

¿Se imagina el lector que un lexicógrafo, ateo empedernido, se le ocurriera para ilustrar el **ablativo absoluto** poner el ejemplos siguiente: «*Mañana llegarán*, DIOS MEDIANTE», y en **puñar** para la acepción

> «3. fig. ant. Procurar con ahínco algo importante o dificultoso. [...]. PUÑAR DE *ganar el amor de Dios*».

En **acceder**, ¿por qué no ACCEDER *el colono a la propiedad del inmueble* en lugar de «ACCEDER *el colono a la propiedad de la finca*» para ilustra la acepción siguiente:

> «4. Tener acceso a una situación, condición o grado superiores, llegar a alcanzarlos»?

Y en **acribillar**

> «2. Hacer muchas heridas o picaduras a una persona o a animal», lo mismo que «*Le* ACRIBILLARON *a puñaladas*» se podría decir *Le* ACRIBILLARON *a balazos*, como se podría decir en la acepción 4. de **pareja**, *En el baile de ayer fue mi* PAREJA *la primera dama*, sustituyendo *la primera dama* por la *duquesa*. Y así decenas de ejemplos que diferentes según que el lexicógrafo fuera persona diferente.

III

LA PRAGMÁTICA LINGÜÍSTICA Y EL SIGNIFICANTE LÉXICO EN LOS DICCIONARIOS DE LENGUA ESPAÑOLA (DRAE)

En el año 1986 José L. Aranguren publicó un libro titulado *La comunicación humana* en el que comienza analizando el lenguaje, como esencia sonora materializada de la comunicación. El lenguaje para él se comprende dentro del comportamiento organizado del hombre, por eso se queja el viejo profesor ya desaparecido de que el lenguaje actual tiende a la acción utilitaria y pragmática más que a la significación teórica, que él achaca al positivismo de la estructura social neocapitalista.

Nosotros nos vamos a referir a la pragmática en el sentido que dice Aranguren, pero yendo un poco más allá. No se trata, en este apartado, del uso utilitario de las palabras, es decir, *hacer cosas con palabras*, como diría Austin, o utilizar las palabras en nuestro propio beneficio, sino «descubrir» cómo algunas palabras son así debido justamente a una serie de actos y costumbres previos a su existencia y que, precisamente, tales actos o costumbres fue la causa de su ser tal o cual palabra. De no ser así, no serían tales palabras sino quizás otras que no conocemos.

En el Diccionario distinguimos dos niveles: el *significante léxico*, que aparece al principio del artículo y sobre el cual se da información, que suele llamarse *lema*, «palabra clave» o «voz guía», y la definición de *lema*.

La Pragmática tendría que aplicarse a ambos niveles. En el primero de ellos, que es el que vamos a desarrollar en el presente capítulo, establecemos dos subniveles. Uno de ellos es la necesidad de introducir o inventar palabras nuevas por efecto de la aparición de nuevos objetos o conceptos. Es un hecho incontrovertible que la lengua, como las cosas y el mundo van cambiando en el deambular de los siglos. Muchas páginas se han escrito en los libros de semántica sobre los cambios lingüísticos en general y léxicos en particular (Ullman1972 [1962]: 218-216; Meillet, 1948: 230-271)[117]. Edward Sapir en 1921 introdujo el concepto del perpetuo fluir del lenguaje, una idea de resonancias heracliteanas[118] que han recogido muchos autores y que resulta de particular interés para los semantistas. Éstas son sus palabras:

> «El lenguaje va avanzando a lo largo del tiempo, a través de una corriente que él mismo se crea. Fluye y se transforma sin cesar. [...]. No hay nada que sea totalmente estático. Cada palabra, cada elemento gramatical, cada locución, cada sonido y cada acento son configuraciones que van cambiando poco a poco, a merced de esa corriente invisible e impersonal que es la vida de una lengua» (1921 [1981]: 172, 196).

El segundo de los subniveles tiene como contenido lo que decíamos más arriba sobre la historia que sustenta la existencia de muchas palabras que recogen nuestros diccionarios.

---

[117]   Véase también a este respecto Coseriu (1973²) donde el autor trata no sobre *el cambio lingüístico*, sino, como él mismo señala en la NOTA PRELIMINAR, sobre *el problema del cambio lingüístico*. Este estudio fue escrito en lo parte esencial en 1955 y ampliado, para su publicación por primera vez en Montevideo en 1958.

[118]   Recuérdese que Heráclito de Éfeso, un personaje que vivió en el siglo VI a. de J., en su obra titulada *El Universo* dice que nada existe constantemente, pues todo pasa, todo fluye; la vida es una sucesión de realidades siempre distintas. Así como nadie puede asegurar que se baña dos veces en el mismo río, porque el agua no es la misma, de igual manera nunca se pueden definir las cosas porque esencialmente son distintas en cada momento. Lo que fue ya no es y lo que es ya no podrá ser. Así, para Heráclito, el existir es un trágico estar siendo y no siendo al mismo tiempo. Casi de una manera desesperada -según cuentan sus comentaristas- buscaba la razón, el «logos», el pensamiento de este continuo devenir.

1. La palabra-entrada como enunciado

1.1. Palabras «nuevas» para objetos «nuevos»: el neologismo

En todas las épocas de la historia de la cultura y de la lengua, los diccionarios han sido sensibles a los cambios que la ciencia y la técnica ha experimentado. La evolución material y espiritual de una sociedad es seguida por la aparición de un gran número de vocablos y sentidos nuevos que tienen repercusiones sobre otras partes del sistema lingüístico, hecho característico del desarrollo lingüístico de Europa y de las lenguas de todas las sociedades de nuestro tiempo, invadidas por la industrialización y la civilización occidental moderna. La lengua es, pues, un fenómeno social y las mutaciones que sufre en el tiempo son también de carácter social[119]. A este respecto, merece una especial atención el *neologismo* en una época en que las ciencias avanzan y el pensamiento se lanza por nuevos derroteros, como sucedió en el siglo XVIII, por citar uno de los periodos de la historia en el que el léxico se ha enriquecido notablemente, aunque es cierto que también desaparecen en este periodo bastantes palabras. En este momento serán varios los autores que harán recomendaciones sobre la adopción de formas nuevas

---

[119] No renuncio a transcribir unas palabras de D. Julio Casares en las que compara el idioma con una orquesta, cuyo armonioso contraste de timbres es el resultado de siglos de técnica acumulada a través de los grandes maestros de la música que ha dado la humanidad. «[...] la colaboración que ha hecho posible una obra de arte -dice Casares- no puede asumir forma visible, como en el caso del orador o del poeta. Y sin embargo estos y otros beneficiarios del lenguaje deberían pensar más que nadie cómo los materiales inmediatos de que se sirven para crear belleza no son materia prima, ni siquiera el excelso don de la palabra que otorgó Dios al primer hombre, sino -sigue D. Julio- un producto ennoblecido y refinado ya por larga serie de generaciones anónimas y por claros ingenios cuyos nombres jalonan la evolución de nuestro idioma desde los balbuceos iniciales hasta la perfección presente. Por cada combinación de vocablos nueva, por cada metáfora original, por cada neologismo afortunado que un escritor pueda alegar como de su cosecha, ¿cuántas decenas de millares de esos y otros recursos no debe y ha de agradecer a la inventiva y a la sensibilidad ajenas». (1944: 23).

poniendo condiciones, como hará Gerónimo de S. José, o lo que dice el P. Feijoo en su *Teatro crítico*, al hablar de la utilidad del «empréstito de vozes que hazen de unos idiomas a otros», pero nunca cuando «el idioma nativo tiene voces propias». Información sobre el vocabulario nuevo de la ilustración contamos con magníficos trabajos, como es, entre otros, el de Gregorio Salvador (1967/1973) o el de Rafael Lapesa (1966-67), y en todo caso, puede consultarse el *Diccionario de galicismos* de R. M. Baralt (1985).

Pero esos cambios en la vida social a los que nos referíamos más arriba han propiciado la introducción de más de un millar de nuevas palabras en la edición de 1984 con respecto a la anterior, entre las que figuran, en su mayoría, formas pertenecientes al vocabulario técnico y médico, sin dejar de lado otras. De la misma manera, según Valentín García Yebra (1992), se han recogido 83.500 nuevas entradas[120].

Queremos subrayar que las palabras nuevas que recogen los diccionarios están motivadas por los cambios producidos en el mundo en el que la lengua vive y evoluciona. Con ello, desde la Pragmática Lingüística, nos situamos en el ámbito *extratextual*. Vamos a ilustrar esta realidad con algunos ejemplos del DRAE, objeto de nuestro estudio y análisis.

La palabra **golpismo** aparece por primera vez en un Diccionario de la Academia, y sólo a partir del 23-F de 1981, exactamente el momento en el que se produce, como bien recordamos quienes ya éramos mayor de edad, el intento de golpe de estado del tristemente recordado Tejero, la define el DRAE como la

«Actitud favorable al golpe de Estado. 2. Actividad de los golpistas».

Y como consecuencia de este episodio en la vida nacional española, el adjetivo **golpista** se define a su vez como:

---

[120] En ese mismo trabajo de García Yebra habla de las dos actitudes que se pueden adoptar ante el Diccionario, una, «despreciadora y engreída» y otra en la que el poeta «experimenta algo así como una conversión», actitudes que se plasman en la *Oda al Diccionario* de Pablo Neruda.

«Perteneciente o relativo al golpe de Estado. 2. Que participa en un golpe de Estado o que lo apoya de cualquier modo».

También los hábitos sociales han empujado hacia las páginas del diccionario una palabra llamada *gel*, producto cosmético que un elevado porcentaje de ciudadanos utiliza cada mañana:

«2. Producto cosmético en estado de **gel**»,

O también **bronceador**:

«2. Sustancia cosmética que produce o favorece el bronceado de la piel».

palabra que, por cierto, no figura en la edición de 1970, como tampoco **gel**.

Asimismo, por imperativo social y tecnológico, se han incorporado por primera vez a la edición de 1984, palabras tales como **escáner**:

«1. m. Med. Aparato tubular para la exploración radiográfica, en el cual la radiación es enviada concéntricamente al eje longitudinal del cuerpo humano. Recogida esta radiación a su salida del cuerpo por un sistema de detectores circularmente dispuestos, y ordenada mediante un computador la información así recibida, el aparato permite obtener la imagen completa de varias y sucesivas secciones transversales de la región corporal explorada».

Reciclar es un nuevo término:

«*Tecnol.* Someter repetidamente una materia a un mismo ciclo, para ampliar o incrementar los efectos de este».

Vídeo:

«Aparato que registra o reproduce imágenes y sonidos electrónicamente». También dos de sus derivados, como **videocinta**:

«f. Cinta magnética en que se registran imágenes visuales. Sus sistemas captor y reproductor son los mismos que se emplean en la televisión», que en la edición de 1992 (vigésimo primera), en lugar de «imágenes visuales» se dice *imágenes y sonidos*», y **videofrecuencia**:

> «f. Cualquiera de las frecuencias de onda empleadas en la transmisión de imágenes».

Por cierto, que la palabra **videodisco** se registra por primera vez en la vígésima primera edición con la siguiente y única acepción:

> «1. m. Disco en el que se registran imágenes y sonidos, que, mediante un rayo láser, pueden ser reproducidos en un televisor».

De entre las formas que aluden al mundo de la tauromaquia podemos citar, por ejemplo, **monilla**, que el DRAE del 92 la recoge por primera vez y la define así:

> «1. f. *Taurom*. Defensa de hierro que usaron los picadores y resguardaba desde la muñeca al codo del brazo derecho»

Y dentro del campo de la moda, encontramos también por primera vez en la misma edición, la entrada **minifalda**:

> «1. f. Falda corta que queda muy por encima de las rodillas».

Por primera vez en DRAE de 1992 figura **gilipollas** (también **gilipollez**), que remite a «1. adj. vulg. **gilí**, tonto, lelo» y así aparece en 1970, un arabismo, que «fam. Tonto, lelo», acepción literalmente repetida en la vigésima edición.

Las estrechas relaciones que mantiene la Real Academia Española con las Academias Hispanoamericanas ha propiciado la inclusión de muchos términos propios de aquellas tierras. Para muestra sirva un botón en la edición de 1984.

Joropo que lo recoge con la acepción de:

> «1. m. Música y danza popular venezolanas, de zapateo y diversas figuras, que se ha extendido a los países vecinos»,

y una segunda acepción también propia de aquellas tierras americanas, *fiesta hogareña*. De ahí arranca **joropear**, que es *bailar el joropo* y también *divertirse* en Venezuela. Así mismo, en otro país americano Méjico, ha empujado al diccionario **jorongo**, una *especie de poncho*, **sarape**, que sí figuraba ya en el diccionario de 1970 como «Especie de capote de monte», y que ha sufrido modificaciones en cada una de las ediciones del DRAE, olvidando una acepción tan concreta y ampliando notablemente su definición.

Y escritores como Camilo José Cela han tenido que ver con la introducción de voces malsonantes, como es el caso de **coño**, que no figuraba en la edición del 70, y que ahora en el 84 figura así:

> «1. m. Parte externa del aparato genital de la hembra. Es voz malsonante. 2. Ú. frecuentemente como interjección»,

y que en la siguiente edición añade *tacaño*, *miserable*, marcado ocomo «adj. *Chile y Ecuad.*», y donde figura por primera vez también **coñazo** con una única acepción:

> «1. m. fam. Persona o cosa latosa, insoportable».

Joder, que tampoco se recogía entonces y que ahora presenta nada menos que las siguientes acepciones:

> «1. intr. Voz malsonante. Practicar el coito, fornicar [...] 2. tr. fig. Molestar, fastidiar [...]. 3. fig. Destrozar, arruinar, echar a perder [...]. 4. Ú. c. interj. de enfado, irritación, asombro, etc.»

Recordemos que a Unamuno le debemos la palabra **intrahistoria**, como así lo dice el mismo diccionario:

> «1. f. Voz introducida por Unamuno para designar la vida tradicional, que sirve de fondo permanente a la historia cambiante y visible».

Enfermedades desconocidas antaño son fuente también de enriquecimiento del vocabulario. Es el caso de **sida**, que el Drae del 92 la recoge por primera vez, como sigue:

> «De las siglas de síndrome de inmunodeficiencia adquirida, traducción del ing. *acquired immunodeficiency syndrome.* 1. m.

Med. Enfermedad viral consistente en la ausencia de respuesta inmunitaria».

Y en el campo de la medicina el **oncogén**, con el que casi estamos ya familiarizados también se le ha abierto la puerta de los diccionarios:

«1. m. Gen. Cada uno de los genes cuya activación provoca la aparición de la enfermedad cancerosa».

Y ese personaje que a veces aparece repentinamente cuando nos apeamos del coche en determinados lugares, también ha un lugar en el Diccionario. Me estoy refiriendo a los **abrecoches**:

«1. m. Persona que abre la puerta de los automóviles a sus usuarios para recibir una propina», o el **aparcacoches**:

«1. com. Persona que en hoteles, restaurantes y otros establecimientos públicos se encarga de aparcar los vehículos de los clientes y de devolvérselos a la salida».

Drogadicción, también por primera vez, se define así:

«1. f. adicción, hábito de quienes se dejan dominar por alguna droga».

Y como no podía ser menos, la política ha entrado con todo derecho en el DRAE en artículos como **bipartidismo**, que tan familiar nos resulta en la vida española desde la muerte del general Franco:

«1. m. Sistema político con predominio de dos partidos que compiten por el poder o se turnan en él».

Y la economía también se ha hecho un hueco en el Diccionario con una nueva palabra tomada al azar: **reconversión**, que aparece con estas acepciones:

«1. f. Acción y efecto de volver a convertir o transformar. 2. Proceso técnico de modernización de industrias. Ú. t. en sent. fig.».

Y lógicamente el infinitivo correspondiente, **reconvertir**:

> «1. tr. Hacer que vuelva a su situación anterior lo que ha sufrido un cambio. 2. Proceder a la reconversión industrial. 3. reestructurar, modificar la estructura de algo».

O también el **récord**, forma tan extraña a nuestra lengua, pero que cada día lo utilizamos en la conversación a partir de la extensión tan importante que ha adquirido el mundo de la competición. El DRAE del 92 lo trae así:

> «1. m. marca, el mejor resultado en competiciones deportivas. 2. Por ext., resultado máximo o mínimo en otras actividades. Constrúyese frecuentemente en aposición. Tiempo RÉCORD».

Y pertenecientes al mundo del deporte, encontramos entre otros **kárate**, con el significado de:

> «1. m. Dep. Modalidad de lucha japonesa, basada en golpes secos realizados con el borde de la mano, los codos o los pies. Es fundamentalmente un arte de defensa».

Y también por primera vez el *Derby* inglés, que, por cierto, responde al nombre de una famosa carrera de caballos, fundada por el conde de ese título, lo recoge la Academia, pero adaptado a nuestro sistema ortográfico, **derbi**, que lo define con las siguientes palabras:

> «1. m. Encuentro generalmente futbolístico entre dos equipos de la misma ciudad o ciudades próximas»,

e igualmente **aeroclub**, recogido por primera vez en 1992, es una

> «1. m. Sociedad recreativa interesada por el deporte aéreo»,

palabra, cuya ortografía refleja claramente que se trata de un préstamo, por ese final de una *b* tan extraño al sistema ortográfico del español, como sucede exactamente con **piolet**, término también incorporado al DRAE por primera vez en la vigésima primer edición con el significado de:

> «1. m. En el deporte de montaña, instrumento que utilizan los alpinistas para asegurar sus movimientos sobre nieve o hielo».

En las ediciones anteriores a 1992 se recogía *gradería* como «conjunto de gradas», pero incorporar **graderío** era obligatorio, según el empleo que, prácticamente, cada día escuchamos y «vemos» en los estadios de fútbol. El DRAE dice de ella lo siguiente:

> «1. m. gradería, especialmente en los campos de deporte y en las plazas de toros. Ú. t. en pl. 2. [m.]Por ext., público que lo ocupa».

Y los alimentos infantiles, como es el caso del tan conocido **potito**, han entrado también con todo derecho en esta última edición:

> «1. m. Alimento envasado y preparado a modo de puré, para niños de corta edad»[121].

De la misma manera aparece **tercer mundo** definido como:

> «1. Eufemísticamente, conjunto de los países menos desarrollados económicamente»,

y así mismo, **tercermundista** y **tercermundismo**.

---

[121] Algunas otras de las nuevas palabras de entre las miles incluidas por primera vez en la edición vigésima primera son las siguientes: abogaderas, abogadil, aborregado,-da, abulón, academizar, acampado, adjuntía, adjurado,-da, adulete, advección,-ca, aeromodelo, aeromotor, aferencia, afiche, afótico, afumar, agarrotado, agarrotamiento, agro-, agualoja, aguatinta, agustina, ajada, biótico,-ca, boutique, burguesismo, bablear, clavecín, criblar (regatear el balón), enclaustramiento, figurante, garrapiñado,-da, guinaldés,-sa, heredable, hevea, idiotizar, incomodado,-da, labioso,-sa, ligón, -na, maclado,-da, mandrilado, navegabilidad, nominalizar, paleal, panislámico,-ca, parquímetro, pirado,-da, poliarca, racanear, rácano, ralentí, reneta, samuray, sari, segregacionismo, tempo, teratoma, urogenital, vagotomía, variegación, variegado,-da, xiloprotector,-ra, yoyó, yudoca, zabatán, zombi.

1.2. El «envejecimiento» de las palabras

En la «puesta al día» del Diccionario de la Academia, debemos mencionar algunos hechos recientes, o no tan recientes (ya sabemos que los diccionarios andan con *retraso* con respecto a las realidades cambiantes) que han provocado la modificación del léxico. Pongamos algunos ejemplos relativamente cercanos a nosotros. No nos remontaremos más allá del año 70. Al manejar con cierto detenimiento la edición vigésima (1984) del DRAE encontramos toda una serie de palabras nuevas, pero también algunas que han pasado a «mejor vida» al quedar totalmente obsoletas en el vocabulario de los años 80, y quizás en algunos casos mucho antes, pero que los diccionarios han seguido manteniendo. También las palabras, como las cosas y los hombres, envejecen.

Antes de desaparecer de los diccionarios las palabras pasan por una etapa que podríamos llamar de «transición», es decir que se mantienen un tiempo vigentes, pero definidas utilizando formas verbales de pasado, como es el caso ilustrativo de **perra gorda** (en los diccionarios desde 1914), que en 1970 figura marcada como «fig. y fam.» sin ningún otro añadido, aparece en la vigésima edición como:

> «1. fig. y fam. Moneda de cobre que valía diez céntimos de peseta; y por ext., la que con el mismo valor se acuñó después con una aleación de aluminio»

que en la edición siguiente queda suprimida la última parte, pero, sin embargo, se añade después de «cobre» *o aluminio*.

Es el mismo caso que **onza** (1) **de oro** que una

> «1. Moneda de este metal, con peso de una onza aproximadamente, que se acuñó desde el tiempo de Felipe III hasta el de Fernando VII, y valía 320 reales, o sea ochenta pesetas».

Y hablando de monedas desaparecidas, comprobaremos, no tardando mucho, que una vez introducido el *euro*, la *peseta* y el *duro* empezarán a entrar en los diccionarios y definiéndose como verbos en pasado, aunque **real** todavía está en el DRAE, donde lo encontramos así:

> «17. m. Moneda de plata, del valor de treinta y cuatro maravedís, equivalente a veinticinco céntimos de peseta. 18. Moneda de

otros metales equivalente a veinticinco céntimos de peseta.
19. En diversos países de América, moneda fraccionaria de
distinto valor. 17. m. Moneda de plata, del valor de treinta
y cuatro maravedís, equivalente a veinticinco céntimos de
peseta. 18. Moneda de otros metales equivalente a veinticinco
céntimos de peseta».

En esta edición se ha añadido una nueva acepción, motivada por el
uso generalizado con ese valor: «6. fig. y fam. Embriaguez, borrachera».
  Abanino, un objeto sin duda ya desaparecido, lo encontramos en el
DRAE (1992) definido con estas palabras:

> «1. m. desus. Adorno de gasa u otra tela blanca con que ciertas
> damas de la corte guarnecían el escote del jubón».

En el Diccionario de 1992 encontramos **vergueta** en su acepción
segunda como

> «2. m. desus. fig. Oficial inferior de justicia, corchete. Díjose
> por la varilla que solían usar»,

que ya encontramos en 1970, como sucede igualmente con **triaquero**,

> «1. m. y f. desus. Persona que vende triaca y otros ungüentos
> o drogas»,

sencillamente porque ya han desparecido y, con toda seguridad que
habrá que suprimir en ediciones sucesivos.
  Zarazas, definido también en la vigésima primera edición como

> «1. f. pl. desus. Masa que se hace mezclando vidrio molido,
> agujas, sustancias venenosas, etc., y se empleaba para matar
> perros, gatos, ratones u otros animales»

deberán también no figurar en otras ediciones posteriores, lo mismo que
le suce a **zambra**[2]

> «1. f. desus. Cierto tipo de barco que usaban los musulmanes».

Luego hay toda una serie de formas, pero que alguna de sus acepciones han dejado de tener vigencia a causa de que dicho uso ya no se produce y, como consecuencia, se van modificando las acepciones, como también desaparecen algunas palabras, que se han ido modificando en sus formas como denominaciones, ya que al permitirse dos formas diferentes con el mismo referente, una de ellas acaba imponiéndose.

Veamos algunos ejemplos. La palabra **alungir**, ant. *alongar*, que figura en el DRAE de 1970, ha desaparecido en la vigésima edición, pero **alongar**, también presente en la décimonovena edición se modifica en 1984, y en la última edición del DRAE dicho artículo figura en todas sus acepciones marcados como:

> «1. tr. desus. alargar, hacer más larga una cosa. 2. desus. alargar, hacer más duradera una cosa. 3. desus. Alejar, hacer que dure más tiempo una cosa».

Truste es una de las palabras que ha tenido una vida más efímera. Aparece por primera vez en 1984, con una sola acepción,

> «Unión de sociedades o empresas con el objeto de dominar el mercado para imponer precios y condiciones de venta»,

un anglicismo introducido en el DRAE por presión no encuentra sitio en la última edición.

2. Motivaciones pragmáticas de las palabras

2.1. *Las palabras y la historia*

La historia de muchas palabras está justamente en el lado opuesto de la arbitrariedad del signo. Es como un desafío a este principio, casi un axioma, que todos los lingüistas defendemos.

Dentro del apartado del estudio pragmático de la unidad léxica en cuanto *signo*, cabe preguntarse por la motivación de las palabras. Sabemos que un buen número de las que figuran en el DRAE están cargadas de historia. La historia no es la palabra, pero su razón de ser está en la historia que la sustenta. Son lo que son gracias a esa historia.

Algunos ejemplos ilustrativos servirán, como siempre, a nuestro propósito.

Adefesio. «Despropósito, disparate, extravagancia. 2. fam. Traje, prenda de vestir o adorno ridículo y extravagante»,

procede de la antigua locución adverbial *ad Ephesios*, nombre de una epístola de San Pablo dirigida a los habitantes de Éfeso, en la que les reconviene y aconseja continuamente a portarse «como conviene a la vocación con que fuisteis llamados», dice textualmente el Apóstol de los gentiles. La predicación de San Pablo en Éfeso resultó un tremendo despropósito, tanto que casi le cuesta la vida su estancia entre los efesios.

Pagano[2]. «Aplícase a los idólatras y politeístas, especialmente a los antiguos griegos y romanos»,

que también se aplica a todo infiel no bautizado, debe su nombre a una época en la que el Cristianismo, adueñado de las ciudades, obligó a los idólatras a refugiarse en las aldeas, y, por esta razón, el nombre de aldeano (pagano < *pagus*, i 'aldea, pueblo') se hizo equivalente a 'no cristiano'.

Ejemplos de términos nacidos por iniciativa individual es el caso de **estraperlo**, una palabra que empezó a usarse en España en 1935 para designar una ruleta fraudulenta cuyos propietarioσ eran Strauss y Perlo; a partir de 1939 pasó a adquirir el significado de «comercio ilegal». Según Coromines dicha ruleta trató de introducirse en España y se armó el gran escándalo, haciendo fracasar el intento, aplicándose desde aquel momento a los negocios ilegales o fraudulentos.

Hígado (< lat. *ficatum* de *ficus* 'higo') es una palabra interesante desde este punto de vista. Se formó imitando el griego συχωτόν 'hígado engordado con higos', un término técnico del arte culinario. En efecto, los griegos tenían la costumbre de engordar animales (especialmente ocas y cerdos) con higos, a fin de obtener un hígado más grande y que adquiría un sabor especial muy agradable (Horacio habla de ello en las *Sátiras* II, 8, 88: *ficis pastum iecur anseris albi*). El uso por los latinos de *ficatus* hizo desaparecer progresivamente la palabra *iecur*, hasta el punto de que en la mayor parte de la Romania ha heredado *ficatum*.

Así mismo, **guillotina**, que tomó el nombre de Joseph Guillotin, un médico parisiense que abogó por un método «más humano» para la pena capital; o **chovinismo**, procedente de Nicolás Chovin, un soldado de

Napoleón, herido en diecisiete ocasiones y que, a pesar de la pensión tan miserable que le adjudicaron, fue toda su fiel a su señor de una manera absolutamente irracional y ciega. Y de ahí «La exaltación desmesurada de lo nacional [...]».

Blanca era una «1. f. Moneda antigua de vellón», que según los tiempos tuvo diferentes valores. Fue acuñada por primera vez en tiempos de Pedro I (1334-1369). **Estar sin blanca**.

Ajedrez.- Algunos nombres de juegos proceden del árabe, ante todo el *ajedrez* que los árabes aprendieron de los persas como éstos de los indios. En persa SAH significa «rey», y basta conocer los rudimentos del juego para saber que su objeto es inmovilizar al rey del adversario. En persa -y de ahí en árabe- tal operación, en la terminología del juego se llama *sah mat*, que al pie de la letra significa «El rey (está muerto)». Y de aquí el español *Jaque y mate* o *Jaque mate*. El nombre del juego, en árabe, era *šitráng* (préstamo a su vez del antiguo hindú *caturang(a)* o *chaturanga*, de cuatro cuerpos, aludiendo a las cuatro armas del ejército hindú: infantería, caballería, elefantes y carros de combate, simbolizadas por los peones, caballos, alfiles y torres, respectivamente. De esta palabra proviene el español antiguo *axedreç*, español moderno *ajedrez*.

Alfil. Sin salir de la terminología ajedrecística, se puede señalar que el término *alfil* viene del árabe *al-fil* «elefante»: en efecto, en los ajedreces más antiguos, dos elefantes ocupaban los lugares de los «alfiles»; luego, a la palabra la contaminó el árabe *al-faris* «Jinete», que dio el español *alférez*.

Aleluya. La palabra ha sido sacralizada en algunos pueblos. El hecho de hablar, ese mágico poder de entendernos, ha sido puesto en el más alto pedestal de nuestra escala de valores. Entre los judíos, la palabra equivalía al objeto mismo. Hablar ya era obrar. De ahí que fuera pecado nombrar al Innombrable, a Yahvé. Por eso, en lugar de decir *hallelu Yahvé* (en hebreo, «alabemos a Dios»), decían sólo *hallelu Yah* «aleluya», palabra que aún permanece entre nosotros[122].

Boicot. El capitán Charles C. Boycott (1832-1897), a las órdenes directas del conde de Earne, era el encargado de recaudar la contribución de los empobrecidos granjeros irlandeses. Le hicieron el *boicot* (**Boicotear**. «Privar a una persona o a una entidad de toda

---

[122]   Algunas de las palabras que estudiamos aquí las hemos recogido de Germán SÁNCHEZ ESPESO, Germán «Hablemos de las palabras», aparecido en el periódico *El País*, el viernes 3 de junio de 1983.

relación social o comercial para perjudicarla y obligarla a ceder en lo que de ella se exige»).

Cadáver. Esta palabra no es más que el resultado de la unión de las sílabas iniciales de la frase latina *Caro Data Vermis*, esto es, la «carne entregada a los gusanos».

Capilla. Del latín tardío *capella* 'oratorio, capilla', de principios del siglo VIII. Propiamente 'capa pequeña', por alusión al pedazo de su capa que San Martín dio a un pobre y al oratorio que se erigió donde guardaban esta reliquia. Tiene como derivados: *capellán*, probablemente del antiguo occitano 'capelán', procedente del bajo latín *capellanus*, derivado de «cappella»; del siglo XIII es el derivado *capellanía*.

Chiribita. Parece tener su raíz en las juergas de los antiguos señoritos jerezanos de origen inglés (casi todos ellos), que mezclaban el jerez y el bitter, «sherry y bitter», pronunciando en inglés [ceribita], con la lengua algo trabada por la explosiva mezcla. Es decir, los efectos de tal bebida son parecidos al mareo que produce un golpe. Por eso, el DRAE para las expresiones siguientes: **hacer o hacerle a alguien chiribitas los ojos** dice exactamente:

> «fr. Ver, por efecto de un golpe y por breve tiempo, multitud de chispas movibles delante de los ojos».

La palabra *chiribita* equivale a 'chispa' en nuestro idioma. No olvidemos que se emplea también la palabra «achispado» para designar al borracho.

Chovinismo. Nicolás Chauvin. Soldado de Napoleón que fue herido en diecisiete ocasiones. Se retiró con una pensión miserable. En vez de amargarse, fue siempre leal a Napoleón. Por extensión, el *chovinismo* ha venido a significar una ciega fidelidad a un grupo, especialmente a una nación. *Chovinismo* significa en francés 'patriotismo fanático', como así lo recoge el Diccionario.

Gaita.« (Gót. gaits, 'cabra'). Instrumento musical cuyo fuelle está hecho de un pellejo de cabra».

Guillotina. Joseph I Guillotin (1738-1814). Prominente médico parisiense y miembro de la Asamblea Nacional francesa, el doctor Guillotin abogó en favor de un método «más humano» para la pena capital. La decapitación y la muerte por ahorcamiento fueron reemplazadas por la rápida y eficiente *guillotina* (diseñada por el doctor Antoine Louis y construida por Tobías Smith).

Hamburguesa. Palabra tan habitual en numerosas lenguas para designar un trozo de carne picada preparada de cierta manera, que en un principio era una formación alemana sobre el nombre de la ciudad de *Hamburg* (Hamburgo, famosa por su carne) y que posteriormente pasó a Estado Unidos. La palabra está, pues, formada con la terminación general alemana -*er*, unida al topónimo correspondiente (eine Hamburguer Zeitung, y construcciones semejantes), de acuerdo con un tipo que tanto fonética como morfológicamente es incluso aceptable en inglés (*Londoner, New Zealander, etc.*), si bien en esta última lengua sin la función exclusivamente adjetival que el sufijo tiene en alemán. *Hamburguer* se convirtió en el nombre de un popular plato de cafetería y como tal se ha extendido por el mundo. Pero debido a que la sílaba *ham-* de la formación originaria se asociaba, en una conciencia anglohablante, con el inglé *ham* (Jamón), se produjo un análisis incorrecto de esta expresión en *ham + burguer*. Como el último elemento era interpretado como una palabra independiente, con el significado de «bocadillo caliente», a partir de ahí se crearía el neologismo *cheese-burguer* (es decir, un plato semejante, pero con queso [*cheese*] en vez de carne). La segmentación de *hamburguer*, que originariamente era *hamburg -er*, pasó así a *ham-burguer*.

Linchar. El Capitán William Lynch (1742-1820), reunió en el estado de Pensilvania (EE.UU.) un grupo de personas que se organizaron para acabar con la delincuencia habitual de la zona y, tomándose la justicia por su mano, aprehendieron *lincharon* a los forajidos de la zona.

Nicotina. A Jean Nicot (1530-1600), embajador francés en Portugal, durante una misión en Florida le ofrecieron una planta de tabaco, que se llevó a Francia y, en su país, puso en marcha un lucrativo negocio con aquella planta y la *nicotina* que contiene.

Paraninfo. Sabemos que el *paraninfo* es el lugar donde se pronuncia el discurso inaugural del año académico en las universidades. Pero el DRAE también recoge otras tres acepciones que recuerdan su historia, como veremos. El salón de actos de las Universidades, el *paraninfo*, aunque parezca extraño, tiene relación con *ninfa*, denominación dada en la mitología a «cualquiera de las fabulosas deidades de las aguas, bosques, selvas, etc.», nombre que en Roma se aplicó a cualquier mujer joven y, por extensión, a la novia. En consecuencia, al padrino de bodas se le llamó *paraninfo*, que significaba 'el que acompaña a la novia'. Según el rito, el *paraninfo* anunciaba la presencia de la novia en el templo y, como buen padrino, se extendía a veces en unas emotivas palabras, acordes con el momento. El DRAE recoge esta acepción así: «3. p. us. Padrino de bodas».

Pero además el discursito previo a la ceremonia del *padrino* sentó precedente y arraigó en costumbre. De ahí que en el siglo XVII se llamara *paraninfo* a cualquier persona que anunciaba una buena noticia. Y tambièn el DRAE lo recoge, aunque -eso sí- marcada como la anterior como *p. us.*: «4. p. us. El que anuncia una felicidad».

Pero todavía hay más. Un siglo más tarde, en las universidades, comenzó a aplicarse el término *paraninfo* al profesor que abría el curso con unas palabras de bienvenida. Por fin, acabó llamándose *paraninfo* al salón de actos de las universidades. También, como no podía ser de otra manera, encontramos esta acepción en el diccionario, aunque esta vez aparece como si estuviera en plena vigencia, aunque prácticamente lo ignoremos. La Academia se encarga de utilizar el verbo en imperfecto para informarnos de que pertenece al pasado. Compruébese:

> «2. En las universidades, el que anunciaba la entrada del curso,
> estimulando al estudio con una oración retórica».

Sandwich. John Montagu (1718-1792), cuarto conde de Sandwich, llevó una vida pública repleta de corrupciones y una vida privada igual de licenciosa. Empedernido jugador, Montagu no abandonaba la mesa de juego ni para comer. En su lugar se hacía traer un trozo de carne entre dos rebanadas de pan, que eso es lo que significa *sandwich* según el DRAE:

> «1. m. Emparedado hecho con dos rebanadas de pan de molde
> entre las que se coloca jamón, queso, embutido, vegetales u
> otros alimentos».

Saxofón. Antoine Joseph Sax (1814-1894), que mientras trabajaba para su padre en una fábrica de instrumentos musicales, en Bruselas, inventó el *saxofón*.

Subastar. Tomado de *subhastare*, derivado de la frase *sub hasta vendĕre*, porque un asta o pica, como símbolo de la propiedad pública, se hincaba ante el lugar de venta de los bienes de los deudores del fisco.

Manzana, que procede del latín *mala mattiana*, nombre de una especie famosa de manzanas, así llamadas, al parecer, según Corominas, en memoria de Caius Matius, tratadista de agricultura que vivió en el S. I antes de C.».

Es sabido que **cazalla** -y lo dice el mismo DRAE- es una palabra también «motivada», como se deduce de su definición:

> «1. f. Aguardiente fabricado en Cazalla de la Sierra, pueblo de la provincia de Sevilla».

Y **veronal** se deriva de Verona, la ciudad italiana que dio nombre a este producto, tal como figura en el DRAE:

> «1. m. Derivado del ácido barbitúrico, usado como somnífero y tranquilizante».

Recuérdese que el DRAE define **rebeca** como la

> «1. f. Chaquetilla femenina de punto, sin cuello, abrochada por delante, y cuyo primer botón está, por lo general, a la altura de la garganta»,

y tal nombre responde al título de un filme de A. Hitchcock, basado en una novela de D. du Maurier, cuya actriz principal usaba prendas de este tipo. Y **telón de acero**, con la acepción de

> «1. fig. Frontera política e ideológica que separaba los países del bloque soviético de los occidentales»,

fue inventada por el líder conservador y primer ministro británico sir Winston Leonard Spencer Churchill (1874-1965).

Y una muestra sobre nombres de flores. La palabra **camelia** es el nombre de una flor traída de Indonesia a Europa por el misionero Camelli. Fue el médico y botánico sueco, Kral von Linneo (1707-1778), quien le dio este nombre, incorporándola a su clasificación de las plantas realizada en 1735, aunque formando parte del léxico español no aparece hasta 1851 según Corominas.

2.2. Las palabras onomatopéyicas en el DRAE

Hay que recordar que el término *onomatopeya* procede del griego a través del latín (< ŏnŏmătŏpŏeŭa 'creación de palabras') y se define como la

«1. f. Imitación del sonido de una cosa en el vocablo que se forma para significarla. Muchas palabras han sido formadas por ONOMATOPEYA. 2. El mismo vocablo que imita el sonido de la cosa nombrada con él. 3. *Ret.* Empleo de vocablos onomatopéyicos para imitar el sonido de las cosas con ellos significadas»[123].

Es claro, según apunta el mismo DRAE, que los vocablos que recoge el diccionario y que se pueden clasificar bajo el rótulo de *onomatopeyas* debe su existencia a lo meramente extralingüístico. El fenómeno de la onomatopeya se verifica al reproducirse el sonido y en el instante de la reproducción se verifica como tal. Consecuentemente las voces onomatopéyicas no pueden ser definidas, como veremos, en metalengua de signo, ya que carecen de existencia independiente de su función y únicamente existen en tanto son pronunciadas, son dichas. Constituyen auténticos *actos de habla*; se trata, pues, en definitiva, de palabras motivadas.

El principio de motivación por el sonido ha sido incluso ilustrado con versos del poeta clásico británico, Alexander Pope (1688-1744), en su obra *Essay on Criticism* («The sound must be an echo to the sense»), cuyas aplicaciones en poesía son innumerables, aunque también sus efectos pueden surgir en la prosa artística.

En el sistema abierto que es la lengua, la incorporación de palabras nuevas, se realiza, no sólo mediante la imitación de los sonidos, como señalábamos más arriba, sino mediante la invención propiciada por el espíritu creativo y la intuición del hombre, que para algunos autores éstas son las auténticas onomatopeyas[124]. En este sentido lo contempla Karl

---

[123] Dice Covarrubias en su *Tesoro de la lengua castellana o española* que «**ONOMATOPEIA**. Es una figura, quando del sonido de la cosa le damos el nombre, como atabal, bombarda, etc. [...]».

[124] Autores como Edward Sapir (1884-1939) afirma, refiriéndose a las onomatopeyas, que no son sonidos naturales que el hombre haya reproducido de una manera instintiva, sino «creaciones del espíritu humano, vuelos de la fantasía, en el mismo sentido que lo es cualquier otro elemento del lenguaje» (1981 [1921]: 13), aunque a continuación señala que muchas palabras que hoy no nos parecen onomatopéyicas se puede

Bühler y lo expresa de una manera tan poética, como se puede apreciar en el texto siguiente:

> «El hombre que ha aprendido a leer e interpretar el mundo silabeando, se ve, por el instrumento intermedio que es el lenguaje y sus leyes propias, apartado de la plenitud inmediata de lo que los ojos pueden ver, los oídos escuchar, la mano «aprehender», y busca el camino de vuelta, trata de lograr una aprehensión plena del mundo concreto, salvando el silabear en cuanto es posible. Esta es la simple explicación de los motivos del fenómeno que es la onomatopeya lingüística» (1979 [1965]: 213]).

> Podemos distinguir, siguiendo a Ullmann (1972 [1962]: 93-104), y desde el punto de vista semántico, que es lo que aquí nos interesa, la onomatopeya *primaria* de la onomatopeya *secundaria*. Es decir, la imitación del sonido mediante el sonido de aquella que consiste en que los sonidos evocan, no una experiencia acústica, sino un movimiento. De ambas clases, obviamente, tenemos ejemplos en el léxico de los diccionarios.

Es fácil descubrir en el DRAE, ahora que contamos con los diccionarios electrónicos, por ejemplo, saber cuántas palabras del diccionario van encabezadas como *voz onomatopéyica*. Sin ir más lejos el DRAE del 92 recoge 236 voces onomatopéyicas y de origen onomatopéyico, amén, lógicamente, del término *onomatopeya*, cuya definición recogemos más arriba.

Veamos algunos ejemplos de las denominadas *onomatopeyas primarias* tal como las denomina Ullmann, es decir, de aquellas que supone la imitación del sonido mediante la forma.

La mayoría de las palabras onomatopéyicas que pertenecen a este grupo son imitaciones de animales, de las que citamos algunas de las recogidas por el DRAE:

---

demostrar que en otro tiempo fueron imitación de sonidos naturales, cuyas formas han evolucionado.

Así, el carnero hace **be2** y también **balido** se definen, respectivamente, como:

> «1. Onomatopeya de la voz del carnero, de la oveja y de la cabra. /// 1. m. Voz del carnero, el cordero, la oveja, la cabra, el gamo y el ciervo»,

y también la gallina, **clo** y el grillo **cri-cri**:

> «1. Onomatopeya con que se representa la voz propia de la gallina clueca. Ú. m. repetida. 1. Onomatopeya que imita el canto del grillo».

Por su parte, el gato con su **fu** y el perro con su **guau** son la

> «1. Onomatopeya del bufido del gato. 1. Onomatopeya con que se representa la voz del perro».

También el gato hace **marramao**, que se define como:

> «1. m. Onomatopeya del maullido del gato en la época del celo».

Otros animales: **mu**(1), **mugido** y **relincho**, onomatopeyas o voces, como dice el Diccionario Académico:

> «1. Onomatopeya con que se representa la voz del toro y de la vaca. 1. m. Voz del toro y de la vaca. 1. m. Voz del caballo».

Existen también onomatopeyas que son imitaciones de los ruidos emitidos por personas o cosas, como es el caso de **gluglú**, la

> «1. m. Voz onomatopéyica con que se representa el ruido del agua al sumirse o dejar escapar el aire»,

y otros ruidos como los que expresan, respectivamente, formas como las dos siguientes: **pum** y **¡pumba!** que el DRAE define como sigue:

> «1. Voz que se usa para expresar ruido, explosión o golpe. /// 1. Voz que remeda la caída ruidosa».

¡Paf!

«1. Voz onomatopéyica con que se expresa el ruido que hace una persona o cosa al caer o chocar contra algún objeto».

Otros sonidos de cosas, como es el caso de **zas** y **cli**, que se definen, respectivamente como:

«1. Voz expresiva del sonido que hace un golpe, o del golpe mismo». /// 1. m. Onomatopeya para reproducir ciertos sonidos, como el que se produce al apretar el gatillo de un arma, pulsar un interruptor, etc.».

¡Achís!

«1. Voz onomatopéyica que se emplea para imitar el estornudo y, a veces, para designarlo».

Chinchín2.

«1. m. Onomatopeya del sonido de una banda de música, especialmente de los platillos».

Chistar.

«1. intr. Prorrumpir en alguna voz o hacer ademán de hablar. Ú. m. con neg. 2. Llamar a alguien emitiendo la onomatopeya chist».

Frufrú.

«1. m. Onomatopeya del ruido que produce el roce de la seda o de otra tela semejante».

Rataplán, definida como

«1. m. Voz onomatopéyica con que se imita el sonido del tambor».

En lo que se refiere a la onomatopeya *secundaria*, es decir, aquellas que evocan movimiento o se refieren a alguna cualidad física o moral, damos algunos ejemplos tomados al azar de las varias decenas que presenta el DRAE.

Temblar se define como:

«1. intr. Agitarse con sacudidas de poca amplitud, rápidas y frecuentes»,

como **zumbar** se recoge así:

«1. intr. Producir una cosa ruido o sonido continuado y bronco, como el que se produce a veces dentro de los mismos oídos»,

y con el mismo sentido **rebullir**:

«1. intr. Empezar a moverse lo que estaba quieto. Ú. t. c. prnl.»

pero **crujir** sugiere lógicamente sonido, como, en efecto, así es:

«1. intr. Hacer cierto ruido algunos cuerpos cuando rozan unos con otros o se rompen; como las telas de seda, las maderas, los dientes, etc.».

De la misma manera toda una serie de palabras-entrada se puede clasificar como perteneciente a este mismo grupo. Es el caso de **gritar**, que se define como:

«1. intr. Levantar la voz más de lo acostumbrado. […]. 2. Dar un grito o varios. 3. Manifestar el público desaprobación y desagrado con demostraciones ruidosas. […] 4. fig. fam. Reprender o mandar algo a uno con gritos».

IV

LA PRAGMÁTICA LINGÜÍSTICA Y EL SIGNIFICADO LÉXICO EN EL DRAE

El artículo del diccionario presenta dos tipos de informaciones o si se quiere dos enunciados. El primero de ellos, sometido a una rígida *normalización* en lo que se refiere al tipo de letra y al lugar que cada una de las informaciones ocupa dentro del artículo en cuestión, da información sobre época de vigencia de la palabra, límites geográficos, campo del saber, etc. La que se refiere al contenido del signo que, como dice Manuel Seco es

> «la tarea más ardua que le toca al lexicógrafo, tarea cuya delicadeza, cuya complejidad y cuya aspereza reconocen no sólo los oficiales de este arte, sino los lingüistas todos y los pensadores». (1987 [1978]: 20),

es el segundo enunciado y se refiere a la definición propiamente dicha, en donde se plantean toda una serie de problemas semánticos con los que debe enfrentarse el lexicógrafo, un tema debatido en los Congresos de Lingüística, ya que depende de cada lexicógrafo según su propia teoría semántica y su filosofía del lenguaje.

Este segundo enunciado, sometido también a una sistematización semejante a la del primero[125], debe ser una información sobre todo el contenido y nada más que el contenido de la palabra definida. Si, en efecto, es como debe ser la *sustituibilidad* será su banco de pruebas (Seco, 1987 [1978]: 21), es decir, que puede ser sustituido por una

---

[125] Véase a este respecto Ahumada Lara (1989: 56-60; Seco (1987 [1978]: 19-22) y Rey-Debove (1971: 173-175).

palabra sinónima. Este enunciado está formulado en *metalengua de contenido*, es decir, el significado del signo reenvía directamente al signo; pero, sin embargo, hay toda una serie de palabras que no se ajustan a ese modelo de definición. Se trata de aquellas entradas que se definen en «metalengua de signo», según Rey-Debove (1971: 172). Se usa para su definición el lenguaje de los objetos, que es el que hace referencia directa al mundo. Son las palabras indefinibles, es decir, aquellas de las que se da una *explicación*; se dice de ellas lo que son, para qué sirven, como, por ejemplo, las interjecciones, conjunciones y otras partículas. Normalmente van acompañadas de expresiones como las siguientes: *se usa, se emplea, con que se indica*, etc.

Nosotros nos vamos a referir al contenido del primer enunciado y dentro del segundo, estudiaremos las modificaciones en las acepciones de las palabras. Son los cambios producidos en la sociedad los que propician las modificaciones en la definición de los artículos del Diccionario. Cuando Coseriu señala que la interpretación de los compuestos «depende en gran parte del conocimiento de las cosas» (1986: 195) está recordándonos que los cambios producidos en el mundo determinan «objetivamente» las formas de la lengua.

También en este capítulo vamos a analizar las palabras definidas «impropiamente».

1. El enunciado de la palabra-entrada

1.1. Las informaciones del primer enunciado

La microestructura de un diccionario está formada por el conjunto de informaciones que sigue a la palabra-entrada y, obviamente, a la que se refieren. De entre todas las informaciones queremos subrayar ahora la que se corresponde con un contenido gramatical, concretamente, el denominado por Seco *primer enunciado*. Dicha información varía de una a otra palabra dependiendo del tipo de palabra que sea. Por otra parte, hay que señalar que la ausencia de información de alguno de los apartados gramático-lingüísticos no se debe al olvido del lexicógrafo, sino que a veces el lexicógrafo considera que no es necesaria, al considerarla poco informativa a causa de la facilidad para «adivinar» su sentido.

El contenido gramatical afecta a todas y cada una de las entradas del DRAE. La *categoría gramatical* a la que pertenece la palabra es indispensable para su descripción y, en cierta manera, aunque ése no sea su significado, sin embargo, lleva implícita la función, aspecto sumamente pertinente en algunos casos: el sustantivo, el adjetivo, el verbo, el género son informaciones que conllevan la función de cada una de esas formas. Dentro de la categoría gramatical se incorpora el *género* y el *número*; el DRAE registra 1654 apariciones de uso en plural de la palabra-entrada con una acepción nueva, y sólo dos *plurales invariables*, **accésit** y **blues**, ambas formas con plural invariable. Es curioso que el Diccionario de la Academia habla sólo de estas dos formas como plurales invariables y parece que se ha olvidado de marcar también palabras tales como **tesis**, **crisis**, **hipótesis**, **síntesis** que igualmente son invariables en cuanto al número.

Otra de las informaciones que pertenece a este primer enunciado es la etimología (reenvía a unidades lingüísticas fuera del diccionario), que en el caso del DRAE es relevante, dado que la primera de las acepciones es justamente la etimológica, aunque no se trate de la más usual, y en la mayoría de los casos no lo es. Cuando no aparece ello implica también una información: *la etimología no existe*. Algunos consideran superfluo este tipo de información, como es el caso del *Dictionnaire du français contemporain* (1967), ya que los diccionarios sincrónicos, a juicio de sus creadores, no necesitan ninguna motivaciones diacrónicas. El *Diccionario Manual e Ilustrado de la Lengua Española* de la Ral Academia, cuya primera edición apareció en 1927, tampoco recoge etimologías.

La información sobre *la época de vigencia* de la palabra también se encuentra en un gran número de artículos. En el DRAE existen 9342 apariciones encabezadas por esta marca (ant.), a las que hay que añadir otras 2137 que figuran con la marca de desusado (desus.).

Una información más interesante para la Pragmática Lingüística es la que tiene que ver con los *límites geográficos,* que presenta un amplio espectro en todo el dominio hispanohablante. Dentro de España, no sólo se presenta por regiones -o como decimos hoy autonomías-, sino que dentro de cada provincia hay variantes que se usan en una de ellas y se desconocen en las otras. Así, por ejemplo, la palabra **toña** («Torta amasada con aceite y miel», según señala el DRAE, aunque no tiene necesariamente ese contenido), sólo se conoce en Alicante y Murcia. En otros lugares se le sustituye por **mona**(2), pero no es lo mismo, ciertamente, diga lo que diga la Academia.

Otro tipo de información es la que se refiere a los *niveles de uso*, sobre todo las variantes *socialmente marcadas* (caló, dialectal, estudiantil, germanía, infantil, jergal, nombre vulgar, rural o rústico) o las variantes *desprestigiadas* (grosero, malsonante, vulgar, popular); también las marcadas como familiar (fam.) con un número superior a las diez mil apariciones.

Lo mismo que en el caso de la etimología, el nivel social marcado como cero indica que el término pertenece a un nivel medio de habla o al uso general de la lengua, de la misma manera que el cero en la localización geográfica significa que la voz pertenece al español general de todas las tierras hispanohablantes, y así sucesivamente.

El enunciado que recoge todas estas informaciones está sometido a una normalización muy rígida y cada una de ellas ocupa un lugar fijo en el artículo (Seco, 1987: (15-18).

La Pragmática Lingüística, como disciplina que investiga las condiciones de producción del lenguaje, puede analizar cualesquiera formas lingüísticas, palabras.-entrada, que aparezca con una de las muchas marcas que recogen los diccionarios. Las marcas son informaciones de contenido pragmático, pues son indicaciones extralingüísticas la gran mayoría de ellas. La localización, o la época de vigencia, así como los diferentes tipos de variantes y otras circunstancias contextuales, que condicionan en la mayoría de los casos el sentido.

El propósito y objetivo de esta modesta obra no es estudiar exhaustivamente el Diccionario Académico, sino demostrar que también ese objeto cultural puede ser abordado y analizado con el aparato metodológico de la Pragmática Lingüística, como hemos visto en el capítulo anterior. En el capítulo V, no obstante hemos estudiado las palabras marcadas como *irónicas* (irón.) y también las marcadas como *figuradas* (Fig.).

1.2. Acepciones añadidas y «puesta al día» de las definiciones

La palabra aislada, que es como se presenta al lexicógrafo, aunque es un conjunto de posibilidades, a través del uso frecuente en determinadas situaciones comunicativas, llegan a individualizarse. ¿Qué significado le atribuimos en este contexto al término *individualizarse*? Cada grupo social se apropia de los términos generales, les atribuye referencias específicas y los adapta así a su propia esfera de interés y también, a menudo, los convierte en base de derivación, como señala Benveniste

(1977 [1974]: 104). Cuando esos términos, cargados de valores nuevos, ingresan en la lengua común se *individulizan* al introducir los elementos que marcan las diferenciaciones léxicas. Eso es lo que explica que el vocabulario que aparece en los diccionarios conserve testimonios insustituibles acerca de las formas y las fases de la organización social (los regímenes políticos, las tendencias culturales, los modos de vida, las creencias, las supersticiones, etc.). Según Dubois (1971: 8): «Il [le dictionnaire] est le *lieu privilégié de référence* et au savoir linguistique et culturel».

La ideología ha estado y está presente también en las definiciones de los diccionarios, provocando en ocasiones en muchos casos la descalificación o el juicio severo en la definición. En el ABC del sábado 17-8-99 leíamos el titular siguiente: «Pekín modera su lenguaje», desarrollado en el cuerpo de la noticia con estas palabras: «El nuevo Diccionario de chino moderno modifica muchos términos revolucionarios e incluye otros más actuales». Pero no hace falta ir tan lejos; ejemplos en este sentido los hay a centenares en los diccionarios de lengua y el DRAE no es una excepción en este sentido, como no lo son en otros muchos[126].

El enunciado «puede corresponder a una palabra aislada en tanto esa palabra opere como enunciado completo» (Voloshinov, 1976 [1930]: 127): hay casos en que un término subsiste enteramente por sí mismo, sin ningún apoyo contextual y todavía tiene sentido, como sucede con muchas de las entradas del Diccionario. Los hablantes de la lengua representada en ellos conocen muy bien las situaciones de comunicación, lo que les permite asignar a cada artículo, el marco restrictivo adecuado que determina en cada caso su valor. Así, se instaura de una manera privilegiada una «*dimensión figurativa*[127] en los innumerables discursos

---

[126] Véase a este respecto el trabajo de Pascual/Olaguíbel en donde los autores aportan ejemplos en los que se constata que la ideología ha condicionado la definición lexicográfica, ideología que, por otra parte, «se cuela en el diccionario de otras formas mucho más sutiles, y por ello menos perceptibles […]. Se trata no ya de la definición de los vocablos en cuestión, sino de su misma inserción en una clase mayor de extensión semántica» (1991: 78).

[127] Cuando nos referimos a la dimensión figurativa, queremos decir, siguiendo la semiótica de Greimas, que el calificativo de *figurativo* lo utilizamos haciendo referencia a un contenido dado cuando tiene un correspondiente en el nivel de la expresión de la semiótica natural (o del mundo natural).

que es susceptible de desplegar» (Greimas, 1980 [1976]: 60), y Coseriu subraya la importancia de lo extralingüístico en la «puesta al día» del Diccionario»

> «[…] las lenguas como tales, por un lado, conocen significados unitarios mucho más generales que los que suelen presentarse como acepciones en el hablar […] y, por otro lado, implican un número menor de «restricciones», ya que tanto las acepciones «actuales» como las «restricciones» están dadas en gran parte por lo extralingüístico» (1986[2]: 196).

Cada nueva edición del Diccionario de la Academia se va enriqueciendo con la incorporación de palabras nuevas y también a causa de las acepciones añadidas y las definiciones actualizadas. En el Preámbulo de la edición última, la vigésima primera, la Academia se expresa como sigue:

> «La nueva edición aumenta considerablemente el número de vocablos incluidos, que supera la cifra de 83.000. Las acepciones añadidas y definiciones modificadas son más de 12.000. Muchas de las enmiendas obedecen a la necesidad de poner al día lo anticuado, ya en el concepto, ya en la formulación verbal».

Vamos a ilustrar con algunos ejemplos de las tres últimas ediciones del DRAE las modificaciones que se han ido introduciendo y el significado que tienen en cuanto que son capaces de reflejar una nueva mentalidad y, sobre todo, un cambio ideológico. A través de los cambios introducidos en los Diccionarios se podría reconstruir a su vez la transformación operada en la sociedad española en los últimos treinta años. Desde entonces tres han sido las ediciones que la RAE ha

---

El procedimiento de figurativización, por ejemplo, es el que permite a un objeto, entendido como una realidad opuesta al sujeto en un enunciado, recibir un vertimiento semántico que permite reconocerlo como tal o cual cosa (una silla, un libro, etc.).

publicado de su Diccionario (1970, 1984 y 1992) y a ellas nos vamos a referir.

Así, por ejemplo, la definición de **comunismo** en el DRAE de 1970 se definía como un:

> «Sistema por el cual se quiere abolir el derecho de propiedad privada y establecer la comunidad de bienes»,

sin embargo, en la edición vigésima (1984), figura como sigue:

> «Sistema de organización social y económica en que los bienes se consideran de propiedad común y predomina lo colectivo sobre lo individual. 2. Doctrina expuesta en el Manifiesto Comunista (1848) de Marx y Engels, interpretada posteriormente por Lenin (1870-1924) y sus continuadores. 3. Movimiento político inspirado en esta doctrina».

Y de **marxismo** podríamos decir otro tanto. En 1970 empezaba así:

> «Doctrina de Carlos Marx y sus secuaces…»,

con la carga peyorativa que para *secuaces* presenta el DRAE. Por supuesto, que en ediciones posteriores, amén de introducir otras modificaciones en la definición, se ha suprimido la frase: «y sus secuaces».

Por su parte, **matrimonio**, que se definía así en 1970:

> «Unión de hombre y mujer concertada de por vida mediante determinados ritos o formalidades legales. 2. Sacramento propio de legos, por el cual el hombre y mujer se ligan perpetuamente con arreglo a las prescripciones de la Iglesia»,

en las dos ediciones siguientes se ha suprimido lo «de por vida». Y en la del 92 la acepción número 2 comienza: «En el catolicismo,…».

Y no digamos de **hostia**, que en la última edición se han añadido dos acepciones nuevas, como consecuencia de los usos que dicha palabra ha ido adquiriendo en los últimos años. Véase lo que dice el DRAE:

> «5. vulg. Bofetada, tortazo».

«¡**hostia!** 1. interj. vulgar de sorpresa, asombro, admiración, etc.»

Equipamiento se ha enriquecido con una nueva acepción que responde a los cambios que se han producido en el uso y aplicación de este término:

«2. Conjunto de todos los servicios necesarios en industrias, urbanizaciones, ejércitos, etc.».

Y no digamos **equipo** en el que se han añadido dos nuevas acepciones y una locución adverbial, según recogemos seguidamente:

«6. *Inform.* Conjunto de aparatos y dispositivos que constituyen el material de un ordenador. 7. V. **bienes de equipo. en equipo.** 1. loc. adv. Coordinadamente entre varios».

Y de esta misma familia que tienen una raíz común o familia de palabras, **equipar** ha modificado también su definición con una nueva acepción, la número tres:

«3. Proveer del equipo necesario a industrias, urbanizaciones, sanatorios u otros establecimientos».

Comuna2, que tenía como única acepción y marcada como *Amér.* «municipio» ha pasado a último lugar dicha acepción y se han introducido dos nuevas:

«1. f. Conjunto de personas que viven en comunidad económica, a veces sexual, al margen de la sociedad organizada. 2. Forma de organización social y económica basada en la propiedad colectiva y en la eliminación de los tradicionales valores familiares».

Tomada al azar una página del DRAE del 84 y cotejándola con la edición última, nos encontramos con algunos de los siguientes cambios en las definiciones, amén de palabras que aparecen por primera vez en un diccionario de la Academia, como son **recomendablemente**,

recombinación, **reconversión** y **récord**, las dos últimas ya citadas en III.1.

Recolección ha añadido una nueva acepción, colocándola en cuarto lugar en la definición:

> «4. Época en que tiene lugar dicha cosecha».

Recoleto ha añadido una acepción que era necesaria, ya que estaba absolutamente extendida por todo el dominio del español. Es la siguiente:

> «4. fig. Dícese del lugar solitario o poco transitado».

La nueva de **recomendar** es como sigue:

> «3. Aconsejar a alguien cierta cosa para bien suyo»,

como también se a **reconcentrar** se ha añadido la siguiente:

> «3. Disminuir el volumen que ocupa una cosa, haciéndola más densa».

De la misma manera **reconducir** y **reconocer** han incorporado sendas acepciones, que son, respectivamente, las siguientes:

> «1. tr. Dirigir de nuevo una cosa hacia donde estaba». /// «17. *Biol.* Interaccionar específicamente dos moléculas o agrupaciones moleculares, dando origen a funciones biológicas determinadas, como la acción hormonal, la transmisión nerviosa, la inmunidad, etc.».

Y un capítulo aparte merecerían las modificaciones introducidas a raíz de los cambios producidos por el acceso de la mujer a puestos de trabajo, tradicionalmente muchos de ellos «reservados» al hombre. Aquí nos referiremos solamente a algunos casos que pueden resultar significativos.

Así, **notaria**, aparece, al menos desde la décimo novena edición como

«1. f. Mujer del notario. 2. [f.] Mujer que ejerce el notariado»,

sin embargo, aunque parezca extraño, en la edición de 1970 sólo se contempla como «El que […]», pero ya en las dos ediciones siguientes ha cambiado la forma y el contenido, como se puede constatar

«4. m. y f. Persona legalmente autorizada para profesar y ejercer la medicina. 5. f. Mujer del médico»,

pero **farmacéutico, -ca.**en 1970 aparecía como «El que […]» y partir de la edición vigésima:

«1. adj. Perteneciente a la farmacia. 2. m. y f. Persona que, provista del correspondiente título académico, profesa o ejerce la farmacia»

De **alcaldesa** casi cabía esperar que apareciera ya desde el 70 como la encontramos en la última de las ediciones y en una entrada independiente del masculino:

«1. f. Mujer del alcalde. 2. [f.]Mujer que ejerce el cargo de alcalde»,

y lo mismo **empresario, -a**. «Persona que […]».
Otras profesiones, como es el caso de electricista, que en 1970 era un *perito* en aplicaciones eléctricas, desde 1984 aparece como sigue:.

«1. adj. Dícese de la persona experta en aplicaciones técnicas y mecánicas de la electricidad. […]. 2. com. Persona especializada en instalaciones eléctricas»,

pero **albañil**, que en la décimonovena edición era el *maestro u oficial de* se mantiene como tal hasta hoy, como sucede con **carpintero**, *el que por oficio*, exactamente igual que **minero**. De la misma manera, sin cambios, se definen otras profesiones como **bombero, militar**, etc.
Y como no podía ser de otra manera, el deporte ha propiciado, no sólo como apuntábamos más arriba la introducción de nuevos términos, sino, como vamos a constatar seguidamente, ha introducido nuevas

acepciones que anteriormente no se contemplaban. Veamos algunos ejemplos.

Una de las palabras que prácticamente oímos cada día y casi siempre que ponemos la radio y, no digamos, la TV, es **colegiado**, que ha añadido una acepción como ésta:

> «5. m. y f. Dep. Árbitro de un juego o deporte que es miembro de un colegio oficialmente reconocido»,

y no podía ser menos **moral** que ha modificado la acepción número 8, introduciendo una alusión al deporte, como puede constatarse:

> «8. [f.]Estado de ánimo, individual o colectivo. En relación a tropas, *o en el deporte*, se refiere al espíritu, o a la confianza en la victoria».

Y no digamos todo el enriquecimiento, no sólo del léxico, sino en las nuevas acepciones como consecuencia del desarrollo de la informática, que quizás como ningún otro avanza a paso agigantados. Así, **análisis** ha incorporado una nueva acepción:

> «5. [m.]*Inform*. Estudio, mediante técnicas informáticas, de los límites, características y posibles soluciones de un problema al que se aplica un tratamiento por ordenador»,

o **archivo** que se ha enriquecido con otras dos pertenecientes al mismo campo:

> «7. [m.] *Inform*. Espacio que se reserva en el dispositivo de memoria de un computador para almacenar porciones de información que tienen la misma estructura y que pueden manejarse mediante una instrucción única. 8. [m.] *Inform*. Conjunto de la información almacenada de esa manera»,

y una muestra más es la que afecta a **tabular**, amén de otros muchos:

> «3. [tr.] *Inform*. Introducir fichas perforadas en la tabuladora.
> 4. [tr.] *Inform*. En una tabuladora, imprimir los totales parciales

de los diferentes grupos de tarjetas, así como sus indicadores respectivos».

2. Descripción y explicación en la definición de las palabras

2.1. La palabra-entrada como descripción

El DRAE, en lo que se refiere al contenido, conoce dos tipos de definiciones (metalengua de contenido vs definición propia; metalengua de signo[128] vs definición impropia)[129], que «per se» se constituyen en semiótica natural en tanto que son expresión del mundo (natural). Las definiciones realizadas en metalengua de signo, no son propiamente definiciones; no hablan del significado de las palabras, sino que se limitan a señalar un objeto y, en todo caso, indican alguna de sus características (de hierro, de metal, etc.). En ocasiones, aparecen simples descripciones, en donde lo cultural nos introduce en los contextos de uso, terreno propio de la pragmática lingüística, como disciplina que se aplica fundamentalmente al estudio del lenguaje en la sociedad y en la mente del individuo, que es quien determina los usos de las palabras y crea las condiciones de producción de los actos de habla (Austin, 1971 [1962]), también presentes en el DRAE. Toda una serie de definiciones aluden únicamente al uso mediante la expresión «sirve para», «con que» y «para + infinitivo». Suelen encabezarse con palabras como *instrumento, aparato, dispositivo, máquina, artefacto, utensilio, herramienta, artilugio, vehículo,* etc.

---

[128] Para Rey-Debove la «métalangue de contenu est un énoncé qui restitue le contenu du signe SANS PARLER DU SIGNE. La métalangue de signe est un énoncé que parle du signe, éventuellement en informant sur le contenu du signe» (1971: 172).

[129] D. Julio Casares distingue la «definición r e a l de la meramente n o m i n a l. Esta última se limita a explicarnos el significado de la p a l a b r a, mientras aquélla aspira a descubrirnos la naturaleza, la esencia de la c o s a significada» (Cfr. 1992³: 159).

Traemos aquí algunas palabras definidas en «metalengua de signo» como ejemplos ilustrativos de lo que decimos, en donde la Pragmática Lingüística encuentra uno de sus campos más abonados.

Véanse cómo define, respectivamente, el DRAE artículos como **abrelatas** y **abridor**:

> «1. m. Instrumento de metal que sirve para abrir las latas de conservas». **y** «6. [m.] Instrumento de hierro que antiguamente servía para abrir los cuellos alechugados».

También se definen como instrumentos el **apretador**, **abrillantador** y **atizador**. El DRAE lo hace con estas palabras:

> «2. m. Instrumento que sirve para apretar. /// 3. [m.] Instrumento o sustancia con que se abrillanta. /// 2. Instrumento que sirve para atizar»,

pero también un **acanalador** es un»

> «1. m. Instrumento que usan los carpinteros para abrir en los cercos y peinazos de puertas y ventanas ciertas canales en que entran y quedan asegurados los tableros»[130],

y en un **azufrador** se combinan *instrumento* y *aparato*:

> «3. Instrumento o aparato con que se azufran las vides atacadas del oído».

---

[130] Palabras como las siguientes se definen también como *instrumento*: abotonador, abrojo, absorciómetro, acanalador, acial, aerómetro, anemómetro, alcalímetro, anemoscopio, aguja, arado, balanza, barrilete, bramadera, calabozo[2], cepo[1], cerrilla, cortadera, dendrómetro, encajador, escoznete, jasador, jeringa, lanzadera, mandrón, paleta, pintadera, rascadera, recogedor o la volvedera, y así otras muchas hasta sumar más de ochocientas formas, que se recogen en la última edición del DRAE.

También la Academia cuenta con un buen número de palabras definidas como *dispositivo* o *aparato* (en muchos casos algunos artículos se definen con una u otra palabra), como es el caso de las siguientes:

Adaptador se define como

> «2. Cualquier dispositivo o aparato que sirve para acomodar elementos de distinto uso, diseño, tamaño, finalidad, etc.».

También **acoplamiento** y **cebador**, entre otros muchos:

> «6. [m.] *Mec.* Dispositivo que sirve para solidarizar dos ejes, extremo a extremo. /// 4. Dispositivo que sirve para iniciar un proceso físico o químico»,

y un **adaptador** es, además de un *artificio* (**de antena**),

> «2. m. Cualquier dispositivo o aparato que sirve para acomodar elementos de distinto uso, diseño, tamaño, finalidad, etc.»,

como el **alcoholímetro** es por un lado un *dispositivo* y por otro *aparato*:

> «1. m. Aparato que sirve para apreciar la graduación alcohólica de un líquido o un gas. 2. [m.] Dispositivo para medir la cantidad de alcohol presente en el aire espirado por una persona»,

pero, **alambique**, sin embargo, es sólo un *aparato*:

> «1. m. Aparato que sirve para destilar o separar de otras sustancias más fijas, por medio del calor, una sustancia volátil. Se compone fundamentalmente de un recipiente para el líquido y de un conducto que arranca del recipiente y se continúa en un serpentín por donde sale el producto de la destilación. Ú. t. en sent. fig.»,

como lo son **acetificador**, **acondicionador**, **agitador**, **armatoste**, **carburador**, de la misma manera que un **candelero** es un *utensilio*, pero también es un *instrumento*:

«1. m. Utensilio que sirve para mantener derecha la vela o candela, y consiste en un cilindro hueco unido a un pie por una barreta o columnilla. 3. [m.]Instrumento para pescar de noche, deslumbrando a los peces con teas encendidas»,

pero **borrador** es nada más que un *utensilio*:

«4. Utensilio que sirve para borrar lo escrito con tiza en una pizarra o sitio semejante»,

como le sucede igualmente a **agarrador, abrebotellas, agarrador**, a un **calientaplatos** o a un **dedal**, etc.

Un **cepo**[1], además de ser un *instrumento* por partida doble (acepciones 3 y 6, respectivamente) es un *artefacto*:

«5. Artefacto de distintas formas y mecanismos que sirve para cazar animales mediante un dispositivo que se cierra aprisionando al animal cuando este lo toca».

A decir verdad los *artilugios* son muy escasos en el DRAE. He encontrado, además, como es lógico, de la palabra-entrada *artilugio*, que curiosamente se define como «mecanismo», «artefacto» y «herramienta», únicamente **antirrobo** y **mosca artificial**, de las que se dice, respectivamente:

«1. adj. Dícese del sistema o artilugio destinado a prevenir el robo. Alarma, cerradura ANTIRROBO. Ú. t. c. s. amb. /// .1. Artilugio de diversas formas que se utiliza como cebo en la pesca con caña».

En cuanto a las palabras definidas como *máquina*, el DRAE recoge más de trescientas formas en las que aparece esta palabra. De ellas seleccionamos al azar algunas como es la propia palabra **artefacto**, que además de ser un *aparato* es, según se dice:

«3. [m.] despect. Máquina, mueble, y en general, cualquier objeto de cierto tamaño»,

como lo es también **cenia**:

«1. f. Azuda o máquina simple para elevar el agua y regar terrenos, muy usada al norte de la provincia de Valencia»,

y **calculadora**, que además es un «aparato». De la misma manera lo son una **trituradora**, un **cortacésped** o una **clavadora**. Sin embargo, *herramienta* es bastante más escasa que máquina. La propia palabra se define como un «artificio», pero vayamos a las palabras en cuya definición entre este término. Así, **aparato** se define como

«7. [m.] Cir. Apósito, vendaje o artificio que se aplica al cuerpo humano con el fin de curar una enfermedad o corregir una imperfección».

Y una **artimaña** es también

«2. [f.] fam. Artificio o astucia para engañar a alguien, o para otro fin»,

y un **cosmorama** se define así:

«1. m. Artificio óptico que sirve para ver aumentados los objetos mediante una cámara oscura»,

además de una **maniobra**, una **máquina**, un **tinglado** y hasta un **pararrayos**. Vse cómo define la Academia **transistor**:

«1. m. Artificio electrónico que sirve para rectificar y amplificar los impulsos eléctricos. Consiste en un semiconductor provisto de tres o más electrodos. Sustituye ventajosamente a las lámparas o tubos electrónicos por no requerir corriente de caldeo, por su tamaño pequeñísimo, por su robustez y por operar con voltajes pequeños y poder admitir corrientes relativamente intensas».

Un gran número de artículos del DRAE son también ejemplo ilustrativo de palabras que ni se definen ni se explican: sencillamente se describen, como ocurre con **buitrón**:

«7. [m.] *Mont.* Artificio formado con setos de estacas entretejidas con ramas, el cual, estrechándose, va a rematar en una hoya grande, para que, acosada con el ojeo la caza, venga a caer en ella».

Aguja, que en alguna de sus acepciones, aparece también como un objeto que «sirve para» se describe así:

«11. [f.]Herramienta de acero, de punta encorvada, que usan los encuadernadores para pasar entre los cordeles del lomo de un libro el hilo que atraviesa el centro o doblez de los pliegos, y asegurarlos a los bramantes colocados perpendicularmente en el telar»,

y otro tanto sucede con **aparato**, que es un

«4. [m.]Conjunto de piezas construido para funcionar unitariamente con finalidad práctica determinada. En algunas circunstancias se emplea para designar específicamente, según los casos, un avión, un receptor telefónico, un soporte de luz, etc.»,

y también **acanalador**,

«1. m. Instrumento que usan los carpinteros para abrir en los cercos y peinazos de puertas y ventanas ciertas canales en que entran y quedan asegurados los tableros».

Pero en la descripción los objetos que se llevan la palma son los instrumentos musicales, como se puede constatar en los ejemplos que insertamos a continuación. Así el **oboe** lo describe la Academia como:

«1. m. Instrumento músico de viento, semejante a la dulzaina, de cinco a seis decímetros de largo, con seis agujeros y desde dos hasta trece llaves. Consta de tres trozos; el primero tiene en su extremidad superior un tudel que remata en una boquilla o lengüeta de caña; el tercero va ensanchando hasta terminar en figura de campana».

Y el **acordeón** es un

> «1. m. Instrumento músico de viento, formado por un fuelle cuyos dos extremos se cierran por sendas cajas, especie de estuches, en los que juegan cierto número de llaves o teclas, proporcionado al de los sonidos que emite».

O la **bandurria**,

> «1. f. Instrumento músico de cuerda, semejante a la guitarra, pero de menor tamaño; suele tener 12 cuerdas pareadas y el mástil con 14 trastes fijos de metal; se toca con una púa y sirve de tiple en el concierto de instrumentos de su clase, principalmente de música popular»,

y el **clavicordio**, ese

> «1. m. Instrumento músico de cuerdas y teclado. Su mecanismo se reduce a una palanca, una de cuyas extremidades, que forma la tecla, desciende por la presión del dedo, mientras la otra, bruscamente elevada, hiere la cuerda por debajo con un trozo de latón que lleva en la punta»,

o el **banjo**, que es un

> «1. m. Instrumento músico de cuerda. Se compone de una caja de resonancia circular, construida con una piel tensada sobre un aro metálico, y un mástil largo con clavijas. Puede tener de cinco a nueve cuerdas que se pulsan con los dedos o con un plectro. Es de origen africano».

como lo son, con sus características diferenciales, cada uno de los restantes instrumentos de viento, de cuerda, de metal, de madera y de percusión.

2.2. La palabra-entrada como explicación

En el DRAE existen también palabras que describen acciones del hablante, ya que al emitirlas se cumple lo que expresan; se dice lo que se hace con ellas y al hacerlo se constituyen en *acto de habla* o, lo que es lo mismo, cumplen una función *performativa*[131]. Se trata de palabras-entrada que, como en el caso anterior, no pertenecen a la metalengua de contenido, la propia de las «acepciones», cuya relación con el hablante tiene que ver más bien con el *hacer* que con el *decir*. Se dice no qué significan sino qué son, cómo son y para qué las utilizamos, etc. Con ellas se hacen cosas; sin el *hacer* no son nada de nada. Operan y se hacen signos en el contexto situacional concreto, convirtiéndose al usarlas en «actos de habla»: la secuencia de sonidos que las expresa se hacen signo en el momento en que se «encuentran -como dice Greimas- confrontada con la «realidad» pragmática, es decir, con las otras formas de existencia social e individual» (1980 [1976]: 55).

En la descripción que el Diccionario hace de cada una de estas palabras se exige para su funcionamiento -y ese es su núcleo significativo-, ir acompañadas de la gestualidad pertinente. A ello se reduce, en definitiva, toda la información, sin la cual ni siquiera podrían figurar en los diccionarios ¿Cómo se sostendría, por ejemplo, en el DRAE una forma como ¡eh! si no apareciera «se emplea para preguntar, llamar, despreciar, reprender o advertir»?

Tres grupos de palabras entran en este apartado: las que aparecen definidas encabezadas por la palabra *voz*, acompañadas de «se usa para», «se emplea para» u *otros*, algunos adverbios y las interjecciones. De todas ellas vamos a mostrar algunos ejemplos. Muchas de las palabras que cumplen esta función, independientemente de ese uso concreto, aparecen definidas en DRAE en metalengua de contenido o, lo que es

---

[131] Recordemos que para Austin, las palabras performativas son aquellas capaces de explicitar la «fuerza» de un enunciado. Verificó su teoría estudiando y clasificando un millar de verbos en el diccionario de la lengua inglesa, reagrupándolos en cinco clases, según que expresen el resultado de un juicio, el ejercicio de un poder, etc. (Véase *supra* I.2.2.). Insertamos a continuación una muestra de algunos de estos verbos del español. Verbos *veredictivos*: condenar, pronunciar, forzar, reprobar, valorar, calcular, reconocer, culpar, interpretar, determinar, estimar, valorizar, etc. Verbos *ejercitativos*: votar, ordenar, elegir, menoscabar, excomulgar, reclamar, multar, despedir, jorobar, etc. Verbos *compromisorios*: suplicar, jurar, consentir, apostar, alabar, etc. Verbos *expositivos*: explicar, concluir, ilustrar, citar, admitir, negar, asentir, etc.

lo mismo, con una definición *propia*; sólo que en alguno de sus usos se desemantizan y funcionan exclusivamente como un instrumento para actuar. Es el caso, por ejemplo de **¡agua!** o **¡aguas!** que se convierte, cuando se usa enfáticamente, en un auténtico «acto de habla», según se desprende de la definición:

> «1. Voz de alarma, generalmente usada para avisar de la presencia de cualquier tipo de autoridad»

o también **¡arriba!**, una

> «1. Voz que se emplea para excitar a alguno a que apure una bebida, a que se levante, a que suba, etc.»,

como igualmente se define **¡abajo!**

> «5. [adv.] En frases exclamativas, sin verbo, se usa para reclamar la destitución o abolición de una autoridad, una institución, una ley, etc. ¡ABAJO el dictador! ¡ABAJO los impuestos!»,

y en la misma línea **alerta**, de la que se dice que es una

> «2. [adv.]Voz que se emplea para excitar a la vigilancia»,

como lo es **¡fuego!** que aparece en el DRAE con estas acepciones:

> «1. interj. que se emplea para ponderar lo extraordinario de una cosa. 2. [interj.]Voz con la que se pide auxilio en un incendio. 3. [interj.] *Mil.* Voz con que se manda a la tropa disparar las armas de fuego»,

además de otras muchas como **¡atrás!**

> «1. Voz que se usa para mandar retroceder a alguien»,

y no digamos **¡alto!**, que cuenta con varios usos *performativos*, como se puede apreciar en lo siguiente:

«2. interj. Voz con la cual se ordena a alguien que se detenga. 3. [interj.]Voz que se usa para que otro suspenda la conversación, discurso o cosa que esté haciendo. **¡alto ahí!** 1. expr. que se emplea para hacer que alguien se detenga en la marcha, en el discurso o en la ejecución de alguna cos. **¡alto dc ahí, o de aquí!** 1. loc. fam. con que se manda a otros que se vayan de donde están. **¡alto el fuego!** 1. loc. con que se ordena que cese el tiroteo. 2. m. Suspensión momentánea o definitiva de las acciones militares en una contienda. **dar el alto**. 1. expr. para dar la orden de detención en la marcha».

Algunas palabras que tienen un núcleo sémico, independiente de un uso concreto, se emplean como salutación o expresión de júbilo, lo que las convierte, en efecto en un «acto de habla», como es el caso de **¡adiós!**, de la que todas sus acepciones, tal como aparece transcrita, poseen un valor *performativo*. Véase, si no, lo que dice el DRAE:

«1. interj. que se emplea para despedirse. 2. [interj.]Denota no ser ya posible evitar un daño. ¡ADIÓS, lo que se nos viene encima! 3. [interj.]Ú. t. para expresar decepción. ¡ADIÓS, ya he perdido las llaves! 4. [interj.]Expresión de incredulidad, desacuerdo o sorpresa. 5. m. Despedida al término de una conversación, misiva, etc.»;

también la expresión **¡aleluya!**, según rezan las siguientes acepciones:

«1. Voz que usa la Iglesia en demostración de júbilo, especialmente en tiempo de Pascua. Ú. t. c. s. amb. Cantar la ALELUYA o el ALELUYA. 2. interj. que se emplea para demostrar júbilo».

Sin embargo, la mayoría de este tipo de entradas del Diccionario de la Academia su existencia descansa exclusivamente en el uso que se hace de tales palabras en una situación concreto del que la emplea. Llama la atención a este respecto la forma **mutis**, que una de sus acepciones, la 3., dice «Acto de […]», además de las otras dos -y eso sin contar las formas complejas de esta palabra-entrada- que, como puede constatarse, hablan de su empleo:

«1. m. Voz que emplea el apuntador en la representación teatral, o el autor en sus acotaciones, para indicar que un actor debe retirarse de la escena. 3. [m.]fam. Voz que se emplea para imponer silencio o para indicar que una persona queda callada».

Entre otros muchos ejemplos que responden únicamente al uso que de ellas se hace en las situaciones del habla, se encuentra **¡puñales!**, una interjección «que se usa para expresar los más variados movimientos del ánimo», lo mismo que **¡zape!**, que es una

«1. Voz fam. que se emplea para ahuyentar a los gatos, o para manifestar extrañeza o miedo al enterarse de un daño ocurrido, o para denotar el propósito de no exponerse a un riesgo que amenace. 2. fam. Se emplea en algunos juegos de naipes para negar la carta que pide el compañero»,

como le sucede a **¡hola!**. Compruébese,

«1. interj. p. us. Se emplea para denotar extrañeza, placentera o desagradable. Ú. t. repetida. 2. [interj.]Tiene uso como salutación familiar».

Y no digamos de la forma **¡ay!**, de la que se dice que es una

«1. interj. con que se expresan muchos y muy diversos movimientos del ánimo, y más ordinariamente aflicción o dolor. Seguida de la partícula de y un nombre o pronombre, denota pena, temor, conmiseración o amenaza. ¡AY de mí!, ¡AY del que me ofenda!»,

como se dice también de la interjección **¡oh!**:

«1. […] que se usa para manifestar muchos y muy diversos movimientos del ánimo, y más ordinariamente asombro, pena o alegría»

Hay una serie de palabras no patrimoniales pertenecientes a este mismo grupo, la mayoría de las cuales son préstamos de otras lenguas o tomadas directamente del griego, como es el caso de ¡eureka! que figura ccomo sigue:

> «1. Voz usada como interj. cuando se halla o descubre algo que
> se busca con afán»,

y también, aunque procedente del hebreo, ¡efetá!, que se define como,

> «1. Voz usada como interj. cuando se halla o descubre algo que
> se busca con afán»,

o ¡agur!, una palabra que aunque proceda del latín *augurium*, puede considerarse que es préstamo del vasco. Es una interjección que se «usa para despedirse», y en algunos países americanos, procedente del *quechua*, es lo que explica la palabra **ananay**, que el DRAE recoge como,

> «1. Bol. y Ecuad. interj. que se usa para manifestar que una
> cosa es grata a la vista».

Son muy numerosas las voces para llamar a diferentes animales que también se pueden incluir en este capítulo, como son **cuchí** (para el cerdo), **¡chucho!** y **zuzo** (espantar al perro), etc., además de algunas voces para arrullar al niño, como **ro**.

Todas las palabras que hemos analizado en este capítulo son «indefinibles»; no se habla de su significado, sino que de ellas se ofrece únicamente una «explicación». Se hacen unidades de la lengua al utilizarlas en la situación requerida. Según el *Tipo de Texto* (TT), como uno de los parámetros que deben aplicarse en el análisis del léxico del diccionario, podemos afirmar que se trata de un texto «performativo» en cuanto que se opone a «narrativo», es decir, son palabras-entrada que aparecen seguidas de una *definición impropia*[132].

---

[132] En el DRAE existen otros muchos grupos de palabras que van encabezadas en las definiciones por *señala*, como **Acá**. («Señala a veces a la persona […]»), *indica*, como **he aquí** («Indica lugar en que se encuentra […]»), **ni fu ni fa** («con que se indica que […]»), **¡ja, ja, ja!** («1. interj. con que se indica la risa […]»). A veces aparece *designa* y/o *señala*: acá («Designa a la persona que habla […]; «Señala a veces […]»); algunas veces *denota*,

Resultan interesantes todo un grupo de palabras que se definen como **lord**, de la que se dice que el

«1. m. Título de honor que se da en Inglaterra a los individuos de la primera nobleza. También llevan anejo este tratamiento algunos altos cargos»,

de la misma manera que **barón** o **camarlengo**:

«1. m. Título de dignidad, de más o menos preeminencia según los diferentes países. /// 1. m. Título de dignidad entre los cardenales de la Santa Iglesia Romana, presidente de la Cámara Apostólica y gobernador temporal en sede vacante. 2. Título de dignidad en la casa real de Aragón, semejante al de camarero en Castilla»,

amén de **duque**, **eminencia** o **zar**.

En algunos casos se habla de *territorio*, como es el caso de **baronía** o **principado**, por poner dos representativos de este grupo::

«2. Territorio o lugar sobre el que recae este título o en que ejercía jurisdicción un barón. /// 2. Territorio o lugar sobre que recae este título. 3. Territorio o lugar sujeto a la potestad de un príncipe».

Toda una serie de palabras del DRAE van acompañados de indicaciones *paralingüísticas* (expresiones faciales, ademanes, modulaciones e inflexiones de la voz, etc.), como es el caso de **chis**[2]:

«1. expr. fam. chitón. Suele ir acompañada con algún ademán, como el de poner el dedo índice en los labios»,

e igualmente puede decirse de **desgaire**, **finta** (2) y **regaño**, entre otra muchas, como puede constatarse en las respectivas definiciones:

---

como sucede con **¡uf!** («1. interj. con que se denota cansancio, fastidio o sofocación»). Otras que indican *desprecio, enfado,* desaprobación, *etc.*

«2. [m.]Ademán con que se desprecia y desestima a una persona o cosa. /// 1. f. Ademán o amago que se hace con intención de engañar a uno. /// 1. m. Gesto o descomposición del rostro acompañado, por lo común, de palabras ásperas, con que se muestra enfado o disgusto».

Unas cuantas palabras llevan una coletilla indicadora de la pronunciación correcta. Es el caso de **hipido** y **humera**, que se definen, respectivamente como,

«1. m. Acción y efecto de hipar, o gimotear. *Pronúnciase aspirando la h. ///* 1. f. fam. Embriaguez, borrachera. *Pronúnciase aspirando la h*»[133],

e igualmente para **cante hondo** y **hachís**. Para el primero dice que «La h se aspira», y para el segundo, que «A veces se aspira la h». También para **harqueño** («En esta voz se aspira la h») y **vahear** («Por lo común se aspira la h»).

Otras serie de palabras se definen acompañando indicaciones sobre la expresividad, el énfasis, el tono, etc. Podemos citar algunas de ellas, como es la propia palabra **énfasis**:

«2. [m.]Afectación en la expresión, *en el tono de la voz o en el gesto.* ironía: 2. [f.] *Tono burlón* con que se dice»,

además de **piñonear** («Ú. en tono burlesco»), **tonillo** («Tono monótono y desagradable [...]»), **¡mal año!** («[...] se usa para dar fuerza o énfasis [...]»), **pero** (3) ([...] para dar énfasis o fuerza de expresión [...]»), **sí** (2) («Se emplea con énfasis para [...]»).

Pero no sólo se habla de la *h*, sino que hay otras indicaciones con respecto a la pronunciación de otros sonidos. Entre los que hemos encontrado están los siguientes:

Boutique, a la que en la acepción 2 se añade: «Se pronuncia aprox. / butík/.», y sin ir más lejos, **mexicano**, **mexicanismo** y todas las palabras de la misma raíz que aparecen en el DRAE llevan la misma coletilla sobre

---

[133] La cursiva que aparece en el cuerpo de la definición de cualquier palabra es mía.

la pronunciación de la letra *x*, una grafía que, como sucedió con la *j* y la *g* (+ *e* ó *i*), a partir de finales del Siglo XVI velarizan, aunque los mejicanos la mantienen como una seña de identidad después de la independencia de Méjico de la corona española. Así, **México** lleva la siguiente indicación para la pronunciación: «La x se pronuncia como j».

Conviene señalar que no sólo en aparecen indicaciones de este tipo para las grafías *h* y *x*, que pueden tener algún tipo de explicación, sino que la Academia recoge otras como las siguientes, que quizás no esperaríamos.

Así, por ejemplo, para **jure** dice lo siguiente:

> «1. abl. de la voz latina ius, que significa derecho. *Se pronuncia iure o yure*».

Por supuesto, que no pretendemos agotar las posibilidades del Diccionario en lo que a definiciones en metalengua de signo se refiere, pero debemos decir que se puede abordar desde otros puntos de vista muy productivos y diferentes de los señaladas hasta este momento, sin perjuicio de que algunas formas coincidan, dado que pueden aparecer bajo diferentes epígrafes. Por ejemplo, los adverbios, algunos de los cuales se pueden analizar en uno u otro apartado. Sin embargo, me voy a referir aquí, aunque muy brevemente y, en la mayoría de los casos, a algunos adverbios y preposiciones, en cuyas definiciones aparecen elementos pragmáticos constatables. Un ejemplo interesante, que aunque extenso no renuncio a transcribir aquí, es la preposición **hasta**. Obsérvese cómo todas sus acepciones y combinaciones en formas complejas son pragmáticas:

> «1. prep. que *sirve* para expresar el término de tiempo, lugares, acciones o cantidades. 2. [prep.] *Se usa* como conjunción copulativa, con valor incluyente, combinada con cuando o con un gerundio […]. **hasta ahora, hasta después, hasta luego, hasta más ver** o **hasta la vista**. 1. exprs. que *se emplean* como saludo para despedirse de una persona a quien se espera volver a ver pronto o en el mismo día. **hasta no más**. 1. loc. adv. que **se usa** para significar gran exceso o demasía de alguna cosa. **hasta nunca**. 1. expr. que *expresa* el enfado o irritación de quien se despide de otra persona a la que no se quiere volver a

ver. **hasta que** o **hasta tanto que**. 1. *expr. que indica* el límite o término de la acción del verbo principal. [...]».

O también el adverbio **no**, que entre sus muchas acepciones, tiene una que reza como sigue:

«4. [adv.] En sent. interrog., *suele emplearse* como reclamando o pidiendo contestación afirmativa».

V

LA PRAGMÁTICA LINGÜÍSTICA
Y LAS MARCAS EN EL DRAE

Las palabras se usan con diferentes índices de frecuencia según la cultura, el lugar y otros condicionamientos de los sujetos hablantes. Los diccionarios suelen hablar de ello a través de las *marcas*, el distintivo que expresa los diferentes niveles diatópicos (dialectos regionales) y diastráticos (el uso diferente de la lengua que hacen las agrupaciones socioculturales), entre otros. La información que aporta el *lema* desempeña la función de situar el término en el contexto pertinente de uso de acuerdo con la acepción de que se trate. Una palabra del diccionario aislada de su contexto puede no significar nada, ni siquiera para el hablante de la lengua a la que pertenece dicha palabra.

Son muchas y variadas las indicaciones que figuran en los diccionarios mediante las marcas, cuyas funciones es dar a la palabra el sentido acomodado al contexto de uso, haciéndose cuerpo con la palabra-entrada y muy particularmente en el caso de aquellas acotaciones que hacen referencia al uso, una información especialmente útil al usuario del diccionario en casos muy concretos. Nos referimos a las denominadas *variantes desprestigiadas* (grosero, malsonante, vulgar, popular, malsonante, etc.), pero sobre todo aquellas que conllevan valores connotativos del tipo *despectivo*, *peyorativo*, *irónico* y *figurado*. Se trata de usos que hacen que las formas lingüísticas al usarlas adquieran valores que las convierten en auténticos *actos de habla*.

Como entendemos que no resulta posible estudiar todos y cada una de estas marcas, hemos optado por analizar las dos últimas, es decir, el sentido de la ironía, analizando un número suficiente de palabras para llegar a algunas conclusiones, y la marca de *figurado*, esta vez aplicado a un corpus de «formas complejas», recogidas por el Diccionario de la Academia.

1. La ironía y la pragmática lingüística

El DRAE define el término **ironía**, una palabra de origen griego, aunque ha llegado a nosotros a través del latín, como sigue:

«1. f. Burla fina y disimulada. 2. [f.]Tono burlón con que se dice. 3. [f.] Figura retórica que consiste en dar a entender lo contrario de lo que se dice».

Y Greimas/Courtés (1991 [1986]) habla de la ironía como

«un cambio de sentido de las palabras por contrariedad o contradicción [...]; es un mensaje implícito cuyo sentido es diferente (a menudo contrario o contradictorio) [...]; es un efecto de enunciación equivalente a lo que, en el enunciado, se expresa por la negación»..

Algunos diccionarios especializados, como es el de Lázaro Carreter, al referirse a la ironía como una figura retórica, habla de un contenido burlesco dentro de un enunciado serio, de lo que parece deducirse que no necesariamente deberá ser *contrario o contradictorio*, ni, como dice la Academia, *dar a entender lo contrario de lo que se dice*, pues es claro que la burla se puede obtener a través de muchos procedimientos (ademanes, palabras, acciones, etc., como indica el mismo DRAE). En todo caso, y en eso estamos de acuerdo, el significado irónico de una expresión constituye una variación en el sentido sin más, que se realiza mediante una manipulación del lenguaje por parte de quien construye el mensaje, transmitiendo un contenido diferente al que explícitamente manifiestan las palabras que lo contienen. La ironía funciona como una señal de alerta en cuanto que rompe el patrón de expectación de quien se ve enfrentado a la expresión que quiere ser irónica y que, dicho sea de paso, sin el concurso del receptor no se produciría.

La ironía es una estrategia verbal sumamente compleja debido a que se manifiesta en varios planos pragmalingüísticos (ilocutivo, predicativo, referencial, etc.) (Haverkate, 1985: 387). La explicación de la ironía necesita para expresarse ir más allá de la descripción semántica para analizarla desde la pragmática, y más concretamente en el marco de la teoría de los *actos de habla*, catapultándonos así en el corazón mismo de la Pragmática Lingüística: la ironía sea uno de los fenómenos que la pragmática radical reclama como objeto de estudio exclusivo.

Algunos estudiosos del tema asocian el significado irónico necesariamente al componente fonético-acústico[134], y más concretamente a la curva entonativa. De ser así, es evidente que bajo ningún caso podríamos hablar de ironía a partir de un texto de lengua escrito. Pero el uso irónico del lenguaje se manifiesta también a través de señales y marcas gráficas del lenguaje escrito, señales que apuntan y orientan la expresión verbal, que es donde realmente se realiza como acto verbal. El hablante porque conoce la lengua es capaz de traducir una marca en expresión dicha y dicha de una determinada manera, en la que sin duda el tono juega un papel fundamental para el éxito del acto de habla. Por ello hay que insistir en que las marcas en el DRAE, y más concretamente la *ironía*, deben ser objeto de la Pragmática Lingüística.

Una primera observación para validar la afirmación anterior de que la *ironía* debe analizarse *desde la pragmática* es que las locuciones marcadas con este signo, al menos aquellas que comunican un sentido opuesto al que perecen sugerir las palabras, están basadas en los conocimientos que comparten hablante y oyente con respecto al contexto o la situación comunicativa. El concepto 'compartir conocimientos' implica «echar mano» de realidades que van más allá de los propios signos lingüísticos que componen el mensaje. Es decir, que si una palabra-entrada como **hipoteca** que el DRAE define como algo valioso, según se desprende del texto siguiente:

«1. f. Finca que sirve como garantía del pago de un crédito»,

si en la expresión **¡buena hipoteca!** es definida como sigue por el mismo Diccionario Académico como:

«1. irón. desus. Persona o cosa poco digna de confianza»,

---

[134] Peirce al referirse al *Índice*, como un signo que dirige al oyente hacia un objeto u ocasión especial, afirma taxativamente que «ninguna lengua […] posee una forma particular de hablar que revele que se está hablando del mundo real […], pues los tonos y las miradas bastan para revelar cuándo el orador habla en serio. Estos tonos y estas miradas actúan dinámicamente sobre el oyente, y le hacen prestar atención a las realidades». (1987: 288).

implica (*implicatura*) un uso del lenguaje que se encuentra fuera de su propia organización como lenguaje. Se trata de un «inferencia intencionada» de transmitir lo opuesto al texto, que tiene su base en el tipo de relación de identidad inmediata entre la expresión lingüística, *¡buena hipoteca!* y el objeto al que se aplica, un objeto extraño al lenguaje mismo: se da *isomorfismo* entre sujeto y predicado; hay identidad entre el mundo descrito y el sistema de descripción.

Es sabido que una frase no se constituye como texto, o como mensaje transmitido, sino cuando tal contenido es recibido por un receptor que lo interpreta. Por otra parte, en una teoría pragmática es difícil sostener la idea de que la comunicación consista en una simple transferencia del saber por parte de quien está a este lado del canal comunicativo. A un nivel profundo y abstracto del lenguaje, el camino que conduce a la comunicación feliz ha puesto de manifiesto que los sujetos en situación de comunicación no son neutros, sino que, por el contrario, están dotados de una cierta competencia modal (pragmática lingüística), que les permite en ese espacio cognitivo, que es la *persuasión*[135], acceder a la manipulación de las estructuras lingüísticas. En el otro extremo de la cadena se encuentra el sujeto del *hacer interpretativo*, cuya operación intelectual de reconocimiento (*re-conocimiento*) consiste en confrontar el mensaje recibido con el *universo referencial del saber*, la enciclopedia o los datos de experiencia del destinatario. Este procedimiento complementario de lectura intenta adecuar la «verdad» propuesta al propio universo cognitivo, que puede dar como resultado lo mismo la aceptación que el rechazo.

Volviendo a la implicatura que se ha producido en la expresión que hemos utilizado como ejemplo, debemos señalar que se trata de una asunción que *guía* el desarrollo de la conversación, coadyuvando a que el lenguaje se haga efectivo en su funcionamiento. Según Grice, del que hemos hablado en la parte de fundamentación teórica de este trabajo, tales líneas directrices se incluyen en lo que denomina *Máximas de*

---

[135] Véase a este respecto el libro de Kathleen K. REARDON (1983 [1981]) en donde la autora presenta la *persuasión* como una actividad que cuestiona la coherencia, la pertinencia y la eficacia en el obrar, creando así las condiciones para el cambio en las conductas. La persuasión lograda depende, para Reardon, de la interacción entre el contexto, las características del persuasor y el tipo de persuasión.

Conversación, que no son sino los principios generales subyacentes al uso cooperativo del lenguaje para garantizar su eficacia. En el caso que nos ocupa se ha violado la *máxima de calidad* que reza así: «no diga lo que crea que es falso».

El resultado es que tal uso de la lengua ha provocado la «dislocación» del signo lingüístico, reformulando y transformando el orden de las cosas: en eso exactamente consiste la ironía, o al menos una de las definiciones de *ironía*.

Vayamos ahora a la segunda, es decir a la que se basa, lógicamente no de la inversión del sentido, sino aquélla que da a entender «un mensaje implícito cuyo sentido es diferente», como dicen Greimas/Courtés, según recogemos al comienzo de este capítulo, y que también proponen algunos autores como es Henk Haverkate (1983).

El mismo caso presenta la palabra-entrada *apañado*(2), que es el «p. p. de apañar», definida como:

> «2. adj. fig. Hábil, mañoso para hacer alguna cosa. 3. [adj.]fig.
> y fam. Adecuado, a propósito para el uso a que se destina».

Es decir, tiene como rasgos los siguientes: + *habilidad para algo* (aplicado a personas) y + *adecuación a un fin* (aplicado a cosas y en sentido Fig.). Se trata, pues, de dos unidades de significación que se constituyen, en lo que Greimas denomina, una «categoría sémica», surgida ésta de la articulación de términos contrarios, oposiciones categoriales situadas en los niveles más profundos y abstractos de la generación del sentido. Dichas oposiciones pueden expresarse así:

> habilidad / inhabilidad (mañoso / desmañado) (afirmar / negar)

> adecuación / inadecuación

con sus correspondientes términos *contradictorios*, graduables, capaces de generar términos complejos o neutros (Greimas, 1989 [1983]: 147). Utilizada en una forma compleja (**estar, o ir, apañado**) y marcada como irónica se define así:

> «1. […] Estar equivocado o ilusoriamente confiado respecto de
> una cosa. ¡APAÑADO ESTÁS si te crees que te vas a librar!»,

es decir, se trata justamente de lo opuesto.

De la misma manera podemos proceder con el artículo **alhaja** (algo de valor, precioso, estimable), en la expresión **¡buena alhaja!**

> «1. expr. irón. que se aplica a la persona pícara, viciosa, o a la que es astuta, avisada y traviesa».

La inversión del signo, por otra parte, permite descomponer y transformar el mensaje en dos sistemas semánticos, mediante un proceso semiótico que genera las denominados por Hjelmslev «semióticas connotativas[136]», cuyo significado es ideológico, y que tienen como Plano de la Expresión un *sistema primero* de significación (dimensión *denotativa*). Estos *sistemas deformantes*, en terminología de Greimas, como objetos lingüísticos que son, están dotados de una doble existencia: la *forma del ser* y la *forma del parecer* (1973 [1970]: 108).

Un texto de lengua natural explica bien el proceso descrito. De nuevo acudimos al DRAE. La palabra-entrada *lindeza* aparece definida así:

> «1. f. Cualidad de lindo. 2. [f.] Hecho o dicho gracioso.»

Y *lindo* significa hermoso, bello, perfecto, primoroso, exquisito[137], lo que nos permite reconocerle a *lindeza* un sema, que puede expresarse mediante uno de los adjetivos, *perfecto*, como englobante de los demás, y un segundo rasgo (acepción nº 2), del que puede dar cuenta el lexema *agradable*. Por lo tanto:

Perfecto (+) / Imperfecto (-)

---

[136] La semiótica connotativa «es una semiótica que no es una lengua y en la que el plano de la expresión viene dado por el plano del contenido y por el plano de la expresión de una semiótica denotativa. Se trata, por lo tanto, de una semiótica en la que uno de los planos (el de la expresión) es una semiótica» (Hjelmslev, 1974 [1943: 105]: 106).

[137] lindo, da. Del lat. legitimus, completo, perfecto. 1. adj. Hermoso, bello, grato a la vista. 2. [adj.]V. ¡linda pieza! 3. [adj.] fig. Perfecto, primoroso y exquisito. 4. m. fig. y fam. Hombre afeminado, que presume de hermoso y cuida demasiado de su compostura y aseo. Dícese más comúnmente lindo don Diego.

Agradable (+) / Desagradable (-),

son sus valores descriptivos, primer sistema (denotación). Ahora bien, si *lindeza*, que pertenece a una semiótica denotativa, según las acepciones 1 y 2 que presenta el DRAE, la vinculamos como Plano de la Expresión a un nuevo Plano del Contenido (*Insultos o improperios*), el sentido del signo resultado coincide exactamente con la inversión del primer sistema, cuya ruptura no se produce únicamente a consecuencia de la manipulación del lenguaje, sino que también se debe a una visión del mundo muy particular, en la que los componentes pragmáticos (Albert, 1996: 7-23) del sujeto operador, expresado en el DRAE mediante ciertas señales (admiración, marca, etc.), juega un papel esencial en la transferencia del mensaje, toda vez que la expresión se conecta con el tono y el gesto[138] en presencia del objeto. No hay ironía sin palabra dicha, y la escritura del diccionario es eso, posibilidad de ser articulada. En el funcionamiento pragmático del lenguaje, el lector rellena los espacios vacíos que quedan entre uno y otro sistema en la reconstrucción de los mismos, haciendo intervenir a la proxémica, es decir, incorporando todas cuantas disposiciones de los sujetos y de los objetos en el espacio, y, más particularmente, el uso que los sujetos hacen del espacio con fines de significación.

La introducción del sujeto en el análisis de la significación es la que puede dar razón de las diferentes formas que esta última puede tomar. Los diccionarios[139] deberían incorporar, de alguna manera, la naturaleza modal de los sujetos que intervienen en el uso del lenguaje, así como el

---

[138]   La transposición gesticular y la prosodia, presuponen la existencia de una semiótica, anterior de hecho y de derecho, articulada ya en *signos*, cuyos significantes se toman. Esta transposición cabe imaginarla a partir de la semiótica de los signos «naturales». A este respecto el gesto de *lavarse las manos*, puede convertirse en un sintagma gesticular práctico o mítico dependiendo de que se integre en el contexto de un banquete, o en la liturgia de la Iglesia Católica, por ejemplo (Greimas, 1973 [1970]: 72-73, 80).

[139]   Un artículo en un diccionario tendrá consistencia el día en que esté sólidamente enmarcado por un conjunto de categorías semánticas elaboradas gracias a los otros componentes de la teoría interpretativa del lenguaje, de los mitos, en definitiva. (Greimas, 1973 [1970]: 230).

nexo específico que una determinada declaración establece entre ellos. El aspecto «hacer» de este «decir» o, lo que es lo mismo, *el hacer pragmático* y *el hacer cognitivo* (Greimas, 1989 [1983]: 243) deben caminar juntos para producir y explicar los mensajes eficaces.

Pero vayamos a otros modos de significar la *ironía*. Es cierto que no todas las formas del DRAE con la marca irón. responden exactamente a la inversión del sentido. Partiendo de lo anterior, digamos que *afirmar / negar* o *aceptar / rechazar*, representan polarizaciones extremas de las operaciones de conjunción y disjunción, que expresan, gradaciones entre uno y otro extremo de la oposición establecida en el *cuadro semiótico* de Greimas[140]. Quiere ello decir que la producción / captación del sentido descansa sobre una base epistémica que va de la afirmación a la duda y de la negación a la admisión, hasta descansar en la significación o producción del sentido. La relación de contrariedad u oposición entre *aceptar / rechazar* es de naturaleza categorial; mientras que la relación de contradicción es graduable.

Muchos de los usos, como en este caso, que aparecen con la marca de irón. en el DRAE se sitúan justo entre los términos complejos o graduables. Es el caso de *dolorosa* que en el DRAE se marca como irón.

«2. f. irón. fam. Con el artículo *la*, factura, cuenta que hay que pagar»,

---

[140] Los semas sólo se aprehenden y se definen en la «estructura elemental de la significación», que son los lugares tópicos de la captación del sentido. La pertenencia a una misma red relacional es la que instituye las «propiedades» de los objetos que determinan su conocimiento. El cuadro semiótico de Greimas se puede resumir como sigue:

AFIRMAR (Conjunción = ÉXITO) ↔ NEGAR (Disjunción = FRACASO)
    c e r t i d u m b r e   e x c l u s i ó n
        ↕   X   ↕
ADMITIR (No Disjunción)   ↔   DUDAR (No Conjunción)
    p r o b a b i l i d a d   i n c e r t i d u m b r e

↔= relación de contrariedad (oposición); X = relación de contradicción; relación de aserción (DUDAR ⊃ ADMITIR; NEGAR ⊃ AFIRMAR). (Cfr. Greimas 1989 [1983]: 132-154).

trasladando el sentido recto de *dolorosa* a una situación penosa en sentido figurado. No se trata en este caso de la negación, sino de la metáfora, como sucede con mucho otros casos que también aparecen con la misma marca, como sucede con **canon**, en **los cánones**:

> «1. irón. Conjunto de normas o reglas establecidas por la costumbre como propias de cualquier actividad. Torear según LOS CÁNONES; Visitó a todos los directivos de la empresa, como mandan LOS CÁNONES»,

en los que, a nuestro juicio, se ha violado en parte (P. de C. de Grice) la *máxima de pertinencia*. En todo caso, se han infringido el *Principio Cooperativo* general.

Si cotejamos las palabras de este segundo tipo de definición irónica con las que aparecen con marca Fig. realmente no encontramos ninguna diferencia. Y si no, compruébese a través de un ejemplo tomado al azar. Es el caso. Por ejemplo, **abeja** en su acepción número 2, que reza como sigue:

> «[f.]fig. Persona laboriosa y previsora.»,

o también **bacín**, cuya acepción primera es:

> «1. m. Recipiente de barro vidriado, alto y cilíndrico, que servía para recibir los excrementos mayores del cuerpo humano»,

y usada usado irónicamente significa:

> «3. [m.]fig. y fam. Hombre despreciable por sus acciones»,

requisitos que se cumplen en cientos de ejemplos que podrían traerse aquí. Quiere ello decir que las expresiones usadas en sentido figurado se sitúan, a nuestro juicio y todavía de una manera provisional (en el DRAE existen nada menos que 17.161 usos encabezados por Fig., que corresponden con 7904 entradas), entre uno y otro extremo de la relación de contrariedad: son los denominados términos graduables (complejos o neutros), engendrados a partir de una relación de contradicción, como señalábamos más arriba. Es decir, no se da la inversión del sentido, sino que más bien se trata del uso de una palabra en un sentido cercano al que es habitual. De ahí que el uso figurado de una palabra, según los diccionarios[141] coincide exactamente con la significación de la metáfora[142]. En todo caso una interpretación pragmática de la ironía significa que el hablante irónico no quiere decir lo contrario de lo que dice, sino que quiere decir muchas cosas a la vez, o mejor, no se expresa todo lo que se quiere dar a entender sin que por ello deje de ser bien comprendida la intención del hablante. Lo que importa es la capacidad del lenguaje para significar en varias dimensiones a la vez, y una de ellas puede tener que ver con el contenido irónico de un mensaje, que obviamente no se podrá producir sin la intervención de los sujetos que intervienen en el acto de la comunicación. En el DRAE son 61 las apariciones con la marca irón. que se corresponden con 55 artículos. Encontramos además 15 casos en los que se habla de «sentido irónico» entre otros; 8 de los que se dice «manera, intención […] irónica»; «con ironía» en 18 usos y también que «denota, implica», e irónicamente 20 casos.

Presentamos como resumen de lo estudiado en este capítulo el cuadro siguiente que recoge las 61 apariciones clasificadas de acuerdo con inversión / no inversión. Las dos últimas columnas aparecen las marcas, en la penúltima, que trae cada una de esas formas, complejas o no, según aparecen en el DRAE. Como puede constatarse algunas de ellas, además de irónicas llevan la marca de Fig. En la última columna aparecen las marcas que, a nuestro juicio, de acuerdo con el análisis realizado deberían llevar en el Diccionario.

---

[141] 3. [adj.]Dícese del sentido en que se toman las palabras para que denoten idea diversa de la que recta y literalmente significan.

[142] Metáfora. Del lat. metaphora, y este del gr. metáfora, traslación. 1. f. Ret. Tropo que consiste en trasladar el sentido recto de las voces a otro figurado, en virtud de una comparación tácita; v. gr.: Las perlas del rocío; la primavera de la vida; refrenar las pasiones.

ARTÍCULO	DESCRIPCIÓN	CÓMO ES		CÓMO DEBE SER	
		IRÓN.	FIG.	IRÓN.	FIG.
ALBA	**no, sino el alba** : con que se solía responder a quien preguntaba lo evidente	+			
ALHAJA	**(buena alhaja!** (que se aplica a la persona pícara, viciosa, o a la que es astuta, avisada y traviesa)	+		+	
	Persona o animal de excelentes cualidades U. frecuentemente en sent. irón.	+	+		
APAÑADO(2)	**estar, o ir, apañado** Estar equivocado o ilusoriamente confiado respecto de una cosa	+	+	+	
ARROPAR(1)	**arrópate, que sudas** (que se dice del que, habiendo trabajado poco, aparenta estar muy cansado)	+		+	
ASCO	**no hacer ascos a algo** (Aceptarlo de buena gana)	+		+	
BIENAVEN-TURADO	Dícese de la persona demasiado sencilla o cándida	+		+	
BOBO	**entre bobos anda el juego** (que se usa cuando los que tratan alguna cosa son igualmente diestros y astutos)	+		+	
BOCA	Persona que miente mucho	+		+	
BONETE	**bravo bonete**: Persona tonta e idiota	+		+	
BUENO	**(buena es esa, o esta!** (con que se denota, ya extrañeza, ya desaprobación)	+		+	
CALENDA	**las calendas griegas:** (que denota un tiempo que no ha de llegar, porque los griegos no tenían calendas)	+		+	
CALIFA	Apodo que se da a los toreros ilustres naturales de Córdoba	+	+	+	

ARTÍCULO	DESCRIPCIÓN	CÓMO ES		CÓMO DEBE SER	
		IRÓN.	FIG.	IRÓN.	FIG
CANON	**los cánones**: Conjunto de normas o reglas establecidas por la costumbre como propias de cualquier actividad	+		+	
CELESTIAL	Bobo, tonto o inepto	+		+	
COSA	**brava cosa**: (cosa necia o fuera de razón)	+		+	
CUÑA	**ser buena cuña**: Dícese de la persona gruesa que se mete en lugar estrecho, incomodando a las demás	+	+		+
CHISTE	**tener chiste una cosa**: (tener gracia, resultar algo agradable.)	+		+	
DECENTE-MENTE	Con algún exceso	+		+	
DESFACEDOR	**de entuertos**: (deshacedor de agravios)	+		+	
DÍA	**cualquier día**: (para indicar que no se está dispuesto a aquello de que se habla.) **el mejor día**: (con la cual uno indica que teme para sí, o nuncia a otro, algún contratiempo	+ +		+ +	
DICHOSO	Desventurado, malhadado	+		+	
DOLOROSO / SA	Con el artículo la, factura, cuenta que hay que pagar	+			+
EDECÁN	Auxiliar, acompañante, correveidile	+			+
ENTELEQUIA	Cosa irreal	+			
FINCA	**(buena finca!** ¡buena hipoteca!	+		+	

ARTÍCULO	DESCRIPCIÓN	CÓMO ES		CÓMO DEBE SER	
		IRÓ. FIG.		IRÓN. FIG.	
FRIOLERA	Gran cantidad de algo, especialmente de dinero	+		+	
GAJE	**gajes del oficio, empleo,** Molestias o perjuicios que se experimentan con motivo del empleo u ocupación	+		+	
GRACIA	Ser chocante, producir extrañeza	+		+	
GUINDAR	Colgar a uno en la horca	+		+	
HACER	**haberla hecho buena:** Haber ejecutado una cosa perjudicial o contraria a determinado fin	+		+	
HACIENDA	**hacer buena hacienda:** (que se usa cuando uno ha incurrido en algún yerro o desacierto)	+		+	
HIPOTECA	**(buena hipoteca!** Persona o cosa poco digna de confianza.	+		+	
LINDEZA	Insultos o improperios	+		+	
LLANEZA	**alabo la llaneza:** (con que se moteja al que usa familiaridad y llaneza con las personas a quienes debía tratar con respeto o atención)	+		+	
MEDRAR	**(medrados estamos!** ¡Lucidos estamos!; ¡pues estamos bien! Ú. para significar el disgusto que resulta de una cosa inesperada	+		+	
MILAGRO	**colgar** a uno **el milagro:** Atribuirle o imputarle un hecho reprensible o vituperable	+	+	+	+
MIQUIS (CON)	conmigo	+			
NENE	Hombre muy temible por sus fechorías	+	+	+	

ARTÍCULO	DESCRIPCIÓN	CÓMO ES IRÓN. FIG.		CÓMO DEBE SER IRÓN. FIG.	
ÓLEO	**(bueno va el óleo!** (que se usa para explicar que una cosa no va como debe ir.)	+	+	+	
ONZA1	**(buenas cuatro onzas!** (con que se explica el peso de una persona que otra carga sobre sí)	+			+
PADRE	Dícese de los diputados a Cortes o senadores	+			+
PAZ	**andar la paz por el coro**: Haber riñas y desazones en una comunidad o familia	+	+	+	
PELO	**así me, te, nos, etc., luce el pelo**: (que significa que la persona está perdiendo el tiempo sin hacer nada, o que no saca provecho de lo que hace. **ser** uno **de buen pelo**:Tener mala índole	+ +		+ +	
PERCANCE	**percances del oficio**: (gajes del oficio.)	+		?	
PESEBRE	**conocer** uno **el pesebre**: Asistir con frecuencia y facilidad donde le dan de comer	+	+		+
PIEZA	**(buena, gentil, o linda pieza!** ¡buena alhaja!	+		+	
REPÚBLICA	Lugar donde reina el desorden por exceso de libertades	+	+		+
RONCA1	**(vítor la ronca!** (con que se despreciaba la amenaza o jactancia del valor de uno	+		+	
ROPA	**acomodar de ropa limpia** a uno. Ensuciarle o mancharle	+	+	+	
SERVIR	**ir** uno **servido**: Salir desfavorecido o chasqueado.	+		+	

ARTÍCULO	DESCRIPCIÓN	CÓMO ES	CÓMO DEBE SER
		IRÓN. FIG.	IRÓN. FIG.
SÍ(2)	**pues sí que**: (que se usa para reconvenir o redargüir a uno como asintiendo a lo que propone, pero haciéndole ver lo contrario)	+	+
TIERRA	**ser buena tierra para sembrar nabos**: Ser inútil una persona	+	+
TODO	**todo en gordo**: (que se usa para ponderar lo es- caso de una dádiva o la pequeñez de una cosa.)	+	+
VALER(1)	**más valiera**: (para expresar la extrañeza o disonancia que hace lo que se propone, como opuesto a lo que se intentaba.)	+	+
VENTURA	**la ventura de García**: (con que se da a entender que a uno le sucedió una cosa al contrario de lo que deseaba)	+	+

2. El sentido figurado y las formas complejas

En el DRAE el término **figurado** se define así:

> «3. Dícese del sentido en que se toman las palabras para que denoten idea diversa de la que recta y literalmente significan»,

y Lázaro Carreter habla del *sentido figurado* de la significación de una palabra cuando es empelada como tropo, es decir, emplear una palabra en un sentido diferente del habitual, o, si se quiere, se trata de una manipulación del lenguaje que lleva a transmitir un contenido diferente al que las palabras manifiestan «espontáneamente».

Si se compara con la definición de *ironía* del capítulo precedente, constatamos la coincidencia, al menos en parte, de la definición. ¿Acaso es la misma cosa? Y hemos dicho, al referirnos a la ironía, que en ese caso se trata de una inversión del sentido, mientras que el valor figurado surge de «entre los dos extremos» de la oposición que establecíamos allí. A nuestro juicio una diferencia esencial entre una forma usada como irónica y la utilizada en sentido figurado radica en la nota negativa que posee la ironía frente a la otra que carece de ella.

Tanto la ironía como el lenguaje figurado responde a estrategias verbales, en las que el sujeto manipulador, el usuario de la lengua, interviene para imprimir a la expresión el sentido desviado que convierte un texto, una palabra, una expresión, en figurado. La Pragmática Lingüística, en este caso, como en todos los otros en los que interviene el sujeto hablante en la determinación del sentido, presta su hacer metodológico para descubrir y asignar el grado de participación en el sentido del mensaje transmitido y del que la semántica no podría dar cuenta.

Pero vayamos a las «formas complejas» del DRAE marcadas con *fig*. Lógicamente no sería posible en el poco espacio que debemos dedicar a este capítulo analizar la totalidad de dichas expresiones. En el Diccionario de la Academia sólo con la partícula *a* aparecen más de dos mil formas complejas; la muestra es corta, aunque suficientemente representativa (unas quinientas formas), en relación, como decimos, con las analizadas, que recogeremos *a modo de conclusión*.

Debemos insistir en un a idea y es que las palabras, hablando con propiedad, no son meros signos de las cosas sino que expresan también procesos, recuerdos y suscitación de los mismos que cambian y se enriquecen al mismo tiempo en los contactos y relaciones sociales que mediante la lengua establecen los humanos. En este sentido, cada palabra es un complejo de asociaciones, que dependen la mayoría de las veces, no sólo del cambio en el conocimiento que tenemos del referente, sino de nuestra actitud ante las cosas (Albert, 1997: 173)[143], que ha llevado a que nuestras percepciones, intuiciones y conceptos, en ocasiones, se hayan fundido con los términos y formas lingüísticas de nuestra lengua materna. Ya lo hemos dicho, de una u otra manera a lo largo de estas anteriores casi trescientas páginas: la lengua primero y principalmente refleja las condiciones de la sociedad y del círculo cultural en el que se habla, haciendo que la costumbre del intérprete de usar un signo en determinadas circunstancias se convierta así en el correlato pragmático de las reglas semánticas que especifican las condiciones de denotabilidad del signo. (Morris, 1958 [1938].

Las *formas complejas* son el resultado del proceso descrito: su existencia se debe a una serie de estructuras prefabricadas de las que se sirven los hablantes en sus producciones lingüísticas y que han ido semánticamente perfilándose generación tras generación. Todas las lenguas del mundo cuentan con diversas combinaciones estables de palabras, que son de importancia capital en la adquisición y procesamiento de la lengua materna[144]. Las combinaciones de palabras, las frases hechas que figuran en los diccionarios monolingües son producto de la convivencia secular

---

[143] La cuestión del valor estilístico de una palabra, de su «capacidad de despertar asociaciones y crear ciertos estados de ánimo, resultado de aquellos matices y asociaciones vitales que despierta una voz en el hablante nativo», como diría Malmberg (1974[5] [1966]: 110), procedentes de sus experiencias, constituye -a mi juicio- uno de los temas más apasionantes en el estudio de la lengua que conduce a descubrimientos inéditos

[144] Sobre algunas de las ideas expuestas aquí y, sobre todo, para el estudio de las unidades fraseológicas, véase el magnífico libro de Gloria Corpas Pastor (1997), en la Bibliografía, prologado por Manuel Alvar Ezquerra, en donde la autora las locuciones, las unidades fraseológicas y sus aspectos pragmáticos. El libro lleva un índice de las unidades lingüísticas estudiadas que resultad ser muy útil para el lector.

del hombre y la lengua, de la cultura en cuyo entorno se ha generado, así como de la psicología y la idiosincrasia de los hablantes. Esas frases han sufrido un proceso de gramaticalización que las ha consolidado convirtiéndolas paulatinamente en construcciones idiomáticas. Muchas han sido construidas sobre elementos culturales preexistentes, como es el caso, por poner un ejemplo muy claro, de la expresión *estar sin blanca*, basada en la antigua moneda española denominada *blanca*. De ahí que las circunstancias histórico-culturales y socio-religiosas constituyan un factor determinante en la De- y Construcción del sentido, muy especialmente en las frases hechas que carecen de «sentido básico o propio».

Así, pues, de lo que se trata en el presente capítulo, como decíamos más arriba, es estudiar y analizar algunas formas complejas del DRAE. Previo al análisis consideramos pertinente establecer una distinción metodológica en relación con lo que podemos denominar *sentido básico*, o si se quiere «sentido propio» o literal, que dice lo que quiere decir o, lo que es lo mismo, su significado *denotativo* (la palabra sin marca especial que traen los diccionarios), y su derivabilidad, es decir, el *sentido figurado*, que dice de otra manera, y dice otra cosa que su significado originario[145]. Esta lengua, *desplazada* y *transformada*, que se sale de su sentido propio al haber perdido su *transparencia* tornándose *opaca*, no está en la relación de las palabras con el mundo (léase *referente*), sino que ha sido construida y validada a través de los medios teóricos múltiples donde su elaboración se ha realizado y acabado. Se trata de afirmar la primariedad del primero, frente al lenguaje figurado, que en su funcionamiento, al perderse las propiedades intrínsecas de las palabras, flota a «la deriva, sin anclaje, *indecidiéndose*, en un cierto vacío [lo figurado] de sentido», en palabras de Derrida (1989 [1987]: 10).

La distinción a la que acabamos de referirnos conlleva un proceso de «construcción» de la lengua, que requiere un «desmontaje» crítico de las oposiciones jerárquicas de las que dependen las teorías que deben conducir al «desmantelamiento» del sentido, y descubrir la condición tropológica de la lengua, es decir, comprender cómo está construido un «conjunto» para lo cual se hará necesario *re-construirlo* de nuevo.

---

[145]   Recuérdese lo que el DRAE en su acepción 3 señala de *figurado*: «3. Dícese del sentido en que se toman las palabras para que denoten idea diversa de la que recta y literalmente significan».

La metodología consta de los siguientes pasos:

a). *Descubrir* la *oposición* que domina un texto (en este caso una frase hecha). Descubrirla consiste, no en destruirla, sino en transformarla, situándola de forma distinta, sacando a la luz sus presupuestos.

b). *Desvelar* las presuposiciones ideológicas y metafísicas. Es decir, lo no explícito, pero en lo que se sustenta la oposición.

c). *Mostrar* cómo dicha oposición es corregida, contradicha, en el texto mismo que se supone está fundado en ella: se usa en la argumentación propia, pero,

d). *Invirtiéndola*, destacando ahora el término no privilegiado, lo que conduce a: e). *Desplazar* la oposición y configurar de nuevo el campo problemático puesto en debate[146].

Las frases estudiadas las hemos clasificado por orden alfabético, atendiendo a una temática concreta, que se expresa mediante un infinitivo o también con un sustantivo. Así, por ejemplo, las acciones o los conceptos expresados por: *abandonar*[147], *abstenerse, adular, afligir, abusar, adversidad*, etc.

---

[146] Aunque Culler señala que lo siguiente: «Las distinciones entre lo literal y lo figurativo, esenciales en los comentarios sobre el funcionamiento del lenguaje, operan de forma distinta cuando la inversión deconstructiva identifica el lenguaje literal como figuras cuya condición de tales se ha olvidado en lugar de tratarlas como desviaciones de la literalidad adecuada y normal» (1984 [1982]: 134), nosotros nos centraremos, en principio, en las *frases hechas*, que independientemente de su uso figurado, como tales combinaciones de palabras carecen incluso de sentido primario o propio, pero que convertidas en actos de habla devienen aptas para la comunicación eficaz. Este mismo sentido tienen las palabras de Foucault: «la relación de una palabra o de una frase con su sentido último puede asignarse en el interior de una relación enunciativa determinada y bien estabilizada» (1974[6] [1966]: 55).

[147] Aunque el DRAE recoge en las dos acepciones primeras los valores respectivos «desamparar a una persona o cosa» y «dejar alguna cosa emprendida ya; como una ocupación, un intento, un derecho, etc.», que

Para el primero de los conceptos, *abandonar a alguien*, hemos seleccionado las siguientes:

«**Plantar**, o **poner**, a alguien **en el arroyo**» = «1. fr. fig. y fam. **plantar, o poner en la calle**» son dos expresiones que, independientemente de su sentido, digamos *figurado*, constituyen cada una de ellas un *sinsentido*. En la lengua la combinación de esas palabras no produce significado reconocible: la frase *plantar a una persona en el arroyo* carece de sentido literal. El significado léxico de *plantar* es colocar (o introducir todo o una parte de) algo en la tierra, nunca a una persona. En todo caso a las personas se les tira al arroyo para que se ahoguen, o se les tira a la calle (de su casa, de su empleo, de una asociación, etc.), dejándolos desamparados con respecto «al lugar de donde». *Poner en el arroyo* (a alguien) es sencillamente ponerlo en trance de ser arrastrado por las aguas, además de los peligros que en la calle acechan al individuo. La frase alude a un 'abandono peligroso'. En su segunda forma:

«1. fr. fig. y fam. plantar, o poner en la calle»

el énfasis es menos marcado que en el caso del *arroyo*, la coincidente con las dos que aparecen en la entrada **calle**.

La otra expresión seleccionada es **dejar** a alguien **en las astas del toro**, es decir 'abandonarlo en un peligro'. Es claro que a las personas no se les puede poner literalmente en las astas del toro. En todo caso se les puede colocar delante de la fiera para ser empitonada por el cornúpeta. Se evoca, así, por la alusión a los cuernos del toro, lo peligroso de la situación en que se abandona a alguien; se le deja (metafóricamente) a merced del animal (= los posibles males a los que se ve expuesto); es sabido el temor que el astado produce al ser humano por su terrible e irracional fuerza agresiva.

En el caso de «**dejar** a uno **en la estacada**», que según el DRAE significa

«1. fr. fig. Abandonarlo, dejándolo comprometido en un peligro o mal negocio»,

---

requeriría dos grupos por separado, sin embargo, por las razones apuntadas en el texto, no respetaremos dicha agrupación.

si una **estacada** es

> «1. f. Cualquier obra hecha de estacas clavadas en la tierra para defensa, o para atajar un paso»,

la frase literal es también un *sinsentido*, dado que a las personas, en todo caso, se les puede *dejar junto a una estacada* o valla de una cerca. El sentido lo recibe en el momento en que el usuario de la lengua lo asocia, y de ahí la marca de *Fig.* con que la encabeza el DRAE, con la situación a la que hace referencia en este uso concreto.

«**Dar esquinazo**» en su acepción no figurada es

> «1. fr. fam. Rehuir en la calle el encuentro de uno, doblando una esquina o variando la dirección que se llevaba»,

frente a la marcada como *Fig.* que reza así:

> «2. fr. fig. y fam. Dejar a uno plantado, abandonarlo».

Un *esquinazo* es la *esquina* de un edificio cualquiera, por lo cual es difícil dar una esquina a una persona. La frase, como en otros casos, sería un *sinsentido* hasta el momento en que el hablante la asocia a la persona abandonada a las inclemencias del tiempo junto a la esquina de un edificio, la parte más desprotegida del mismo (sin salientes, toldos, tejadillos, etc., que pudieran servir de protección). Es el mismo caso que la expresión «**dar trascantón** a uno» = «1. fr. fig. y fam. **darle cantonada**», que según el DRAE es:

> «2. [fr.] fig. Dejarle burlado, no haciendo caso de él».

Obsérvese que *trascantón* significa 'poste de piedra para resguardar de los carruajes las esquinas o las paredes', por lo tanto, literalmente a una persona no se le puede dar ese objeto; en todo caso -y ésa es la asociación- se le deja en cierta manera *abandonado*, como lo está el poste de piedra aislado ala intemperie y abandonado a su suerte[148].

---

[148] Véanse otras frases bajo el concepto de *abandonar*: Dar de mano a una persona; Dejar a uno con la palabra en la boca; Colgar los libros; Tirar

Apliquemos todos y cada uno de los pasos de la deconstrucción a estos textos.

Lo primero es descubrir la oposición: Sentido literal / Sentido figurado. El término privilegiado, fundamento de la oposición, es el portador del *sentido literal*; sólo a partir de él se puede establecer un segundo término con valores diferentes al propiamente *literal*. Las frases *plantar a o poner a alguien o a algo en el arroyo / en la calle* o *dejar a alguien en las astas del toro* no resisten la prueba.

El segundo estadio nos lleva a *desvelar* (descubrir) las presuposiciones metafísicas e ideológicas, que han hecho posible el establecimiento de la oposición significativa. En el caso que nos ocupa las *presuposiciones* e *implicaturas* tienen que ver con el tipo de cultura que subyace a este tipo de frases y con valores significativos que no se dejan atrapar por las palabras combinadas para formar la frase en cuestión. A partir de aquí ya se puede *mostrar* la frase corregida, contradicha, como hemos señalado más arriba, al *invertir* los términos, obteniendo una nueva oposición, en la que el término privilegiado es el que aparece en el DRAE marcado como *Fig.*, que no es tal, ya que se oponía a un *sinsentido*. *Plantar o poner a alguien (algo) en el arroyo / en la calle*, así como *dejar a alguien en las astas del toro*, pasan a ser ahora (a través de la reconstrucción) los términos marcados, es decir, adquieren sentido[149]. La inversión de la oposición nos sitúa en la instancia del lenguaje literal mediante la operación de re-construcción: colocar las frases hechas en el lugar que les corresponde, ya sin la marca *Fig.*, dado que dichas frases carecen

---

o arrojar la toalla; Mudar la hoja, etc. De *abstenerse*: Dejar que ruede, o dejar rodar, la bola; No mover un dedo; Llamarse alguien a andana, etc. De *abusar*: Quitar a alguien la capa; Desollar vivo a alguien; Sacar los ojos a uno; Quedarse con uno; Chupar la sangre, etc. De *afligir*: Amargar el caldo; Dar a beber hieles; Levantar a uno la paletilla, etc. De *adversidad*: Estar con el agua a, o hasta la boca, el cuello o la garganta; Dar con la cabeza en las paredes; Aguantar carros y carretas; Estar en la cuerda floja, etc.

[149] Son los lectores/oyentes quienes se imaginan el contexto en el que la frase adquiere significado. El signo creado ahora presenta la posibilidad de repetirse, de *injertarse*, en un nuevo contexto, generando de esta manera otro producto distinto en su sentido. «El significado se elabora mediante un proceso de injerto, y los actos de habla, tanto los serios como los poco serios, son injertos», dirá Culler (1984 [1982]: 120).

en absoluto, como hemos podido demostrar, de significado propio. Esquemáticamente se puede representar como sigue:

I. *Descubrir* la oposición que domina el texto

    A) *Sentido literal*   /   *Sentido figurado*
       Término marcado   /   Término no marcado
       Sinsentido   /   1. *Plantar o poner a alguien (algo) en el arroyo/*calle
                                               2. *Poner a alguien en las astas del toro*

II. *Transformar* los textos descubriendo y analizando las presuposiciones (implicaturas) metafísicas e ideológicas (el mundo que subyace y la situación que ha dado lugar al engendramiento del sentido al *injertar* el texto en otro contexto), lo que lleva a

III. *Mostrar* la frase corregida con la *inversión* de los términos, según se muestra a continuación:

    B) *Sentido literal*   /   *Sentido figurado*
    1. *Plantar o poner a alguien (algo) en el arroyo / calle*   /   Derivabilidad del sentido
    2. *Poner a alguien en las astas del toro*
       Término marcado   /   Término no marcado

Hemos examinado exactamente 514 frases, de cuyo estudio hemos obtenido los siguientes porcentajes. El 75'35 % aparecen con la marca *Fig.* sin contar con su correlato de significado literal o propio, por lo que no es posible mantener ningún tipo de oposición. Lo marcado lo es en oposición a lo no marcado, que en este caso no se cumple. El 24'65 restante sí resiste la prueba y sale de ella con éxito. A partir de aquí podemos establecer una división entre las *frases hechas* que tienen un significado básico u originario y las que son un *sinsentido*, lo que debería conducir a establecer una nueva clasificación o distinción de marca que diferencie con claridad unas de otras.

VI

CONCLUSIONES

1. Utilidad del Diccionario

Aunque sea una obviedad haré la siguiente afirmación: la lengua que el diccionario monolingüe describe se supone que es conocido por el público a quien va destinado. Por otra parte, tanto el material que contiene el diccionario como su redacción han debido tener presente dicho destinatario, pero no es nuestro propósito hablar de los destinatarios. Haensch y otros han tratado de ello con suficiente profundidad y extensión y allí remitimos al lector.

Nosotros vamos a intentar clarificar y resolver lo más precisamente posible la siguiente cuestión: ¿cuál es la finalidad o para qué sirve un diccionario? El enfoque de nuestro estudio tiene precisamente el sentido de uso de la lengua y desde esa perspectiva queremos subrayar el término *utilidad*. En primer lugar, el Diccionario es un elemento insustituible en el uso correcto de la lengua y en el conocimiento de la misma. De ahí que, de acuerdo con Rey-Debove (1968), debemos decir que los diccionarios son objetos *didácticos*, en la medida en que responden a exigencias de información y de comunicación. El Diccionario *enseña* al facilitar la comunicación lingüística; acrecienta la cantidad de saberes, llenando las lagunas que sobre información tienen los lectores. Y lo hacen con las informaciones que inserta en sus definiciones, que cuentan con todos los caracteres propios del discurso pedagógico: cada enunciado lo es sobre otro enunciado ya realizado o sabido, en donde la ejemplificación ocupa un lugar destacado: el saber sobre el mundo que el diccionario comunica es él mismo un discurso sobre un corpus de formulaciones científicas o culturales ya establecidas.

El Diccionario con sus informaciones aspira a acortar las distancias que existen entre los conocimientos de sus lectores y los de la comunidad entera: el lector del diccionario pretende conocer las unidades que no sabe o conoce mal; también intenta conocer el funcionamiento de dichas unidades y la norma adoptada por la sociedad, con el fin de corregir un funcionamiento espontáneo normal.

La respuesta que da el diccionario no es simplemente una información, sino una orden que hay que ejecutar; su significado es de obligación y así lo percibe el lector; sus enunciados tienen fuerza de ley. Es como un legislador implacable. En este sentido, se puede decir que sus reglas no dan mucho margen de tolerancia en el uso de la lengua. Por eso sus respuestas deben ser lo menos ambiguas posibles. De ahí que incluso los errores materiales cobren una gran importancia, frente a los que pueden aparecen en cualquier otra obra impresa, en las que los errores, y sobre todo las erratas, suelen achacarse a problemas de impresión y hasta al autor, en el Diccionario se identifica con la norma y automáticamente adquiere carta de naturaleza, autorizando de hecho el error que contiene. en este sentido, los diccionarios ayudan a valorar los comportamientos verbales en una sociedad y a dominar los medios de expresión para el análisis semántico, sintáctico, morfológico o fonético de la lengua. De ahí que sea capaz de responder a una norma cultural lingüística con la siguiente pregunta, ¿hablo correctamente la lengua?

El objeto del diccionario no es la lengua y el mundo sino *lo que se dice de la lengua y el mundo*. Por otra parte, la lengua del diccionario no es exactamente la misma que la que los locutores utilizan en la radio y la televisión o la que cada día encontramos escrita en los medios de comunicación. Se trata, por el contrario, de una lengua analizada y ajustada a unas normas.

La lengua del Diccionario es a la vez un discurso acabado sobre una cierta descripción de la lengua y un discurso sobre el hombre, es decir, sobre un cierto tipo de cultura: conlleva un análisis sobre la lengua y la cultura. En este sentido, se puede decir que el Diccionario reenvía a dos objetos, uno *ontológico* (la lengua) y otro *ideológico* (la cultura).

El Diccionario es es también una *institución social* (Dubois, 1971), cuya función es la de definir la norma lingüística: autorizan los nombres, las construcciones, los sentidos, etc. Le dan fuerza de ley y de modo inverso, rechaza determinados nombres o construcciones y lo hace, a veces, con indicaciones explícitas a través de las marcas, como *dialectal*, por ejemplo. Mediante este tipo de indicaciones sanciona los diferentes usos:

«La condamnation de certains mots ou de certaines constructions, formulée d'une manière explicite par le lexicographe, prend la valeur de'un *jugement* porté sur l'usage linguistique: cette sanction oppose ansi deux groupes dans la communnauté linguistique, ceux qui *savent* que le mont n'est pas «français» et ceux qui *utilisent* «malencontreusement» l'expression sanctionnée» (Dubois, 1971: 51).

Dentro de una misma comunidad lingüística, *transcodifican* las hablas técnicas o de diferentes grupos sociales. Los tipos de comportamiento verbales difieren también según los grupos sociales. Ayudan a acortar las distancias entre dos informaciones diferentes.

El Diccionario es también el lugar fundamental para el desarrollo de la *comunicación escrita*, lo que implica una literatura, considerada por los miembros de la comunidad como expresión de su cultura propia. Y por ello los diccionarios pueden considerarse objetos culturales integrados en esa cultura, lugar privilegiado de referencia para el conocimiento y el saber lingüístico y cultural.

Por último, digamos que la lengua, el artículo del Diccionario, está considerado como un programa, como una serie ordenada de informaciones, formuladas en un lenguaje codificado y capaz de suministrar las respuestas a las cuestiones formuladas por medio de este código. Cada artículo del diccionario constituye el camino por el cual se accede a estas informaciones.

2. Pragmática Lingüística y Diccionario

La situación comunicativa centrada primero en la lengua y casi simultáneamente en los contextos de uso ha presidido las poco más de trescientas páginas de la obra que ahora finaliza. El valor intrínseco del vocabulario en el proceso de intercambio lingüístico, y luego los modos y las situaciones de uso de una unidad léxica dentro de una colectividad lingüística. El cuadro que hemos descrito, pero también escrito, ha tenido como marco insustituible el hombre y el mundo, sobre todo el primero, que son quienes dan sentido a la lengua de los diccionarios. Obviamente en ningún momento hemos pretendido sentar las bases para hacer una obra lexicográfica, sino que hemos partido del Diccionario

Académico en su última edición y a él se han referido nuestros análisis, tratando de demostrar cómo el léxico encierra tras sí toda una serie de condicionamientos extralingüísticos que son los únicos responsables de su existencia y desarrollo ulterior, descubriendo los valores nuevos significativos y las motivaciones que han conducido a tales resultados. Mediante mecanismos pragmático-interpretativos hemos ido identificando y justificando tales o cuales unidades léxicas, así como la incorporación de valores nuevos. No se trata de una sola dirección, sino de un camino recorrido en dos direcciones: *ida* y *vuelta*. El léxico es reflejo de los entornos más variados, pero al mismo tiempo él se impone al mundo y a las cosas, tanto como al individuo, de tal manera que sin la lengua no tendríamos acceso al mundo, ni siquiera a nuestros propios pensamientos. Es claro que los componentes de una lengua, el léxico de los diccionarios en este caso, no pueden ser estudiados y analizados sin recurrir a la práctica del discurso, y a las conceptualizaciones resultado del aprendizaje real a través de la sociedad y en el interior de la historia de la cultura.

La necesidad sentida desde hace tiempo de abordar desde la pragmática lingüística el estudio de la lengua de los diccionarios hispánicos, y más concretamente la del DRAE, está en el origen de este modestísimo trabajo, en el que queda todavía un largo camino por recorrer, sobre todo en profundización y sistematización de resultados que nos lleve a la creación de un Diccionario Pragmático, una asignatura pendiente en el mundo hispánico.

Vayamos a concluir y digamos que la lengua del diccionario en su conjunto (palabras-entrada, acepciones, formas complejas, ejemplificaciones, etc.), funciona en dos sistemas semióticos diferentes: el que corresponde a la lengua como sistema de signos en abstracto, y un sistema de signos que corresponde, a su vez, al uso concreto en la enunciación. El primero es un sistema de posibilidades, aunque limitadas en su concreción para cada uno de los artículos, que se «materializa» en el segundo a través de la enunciación.

No todos los artículos del DRAE son capaces de someterse, como hemos tenido ocasión de probar, a ese doble análisis. Es sabido que las palabras del diccionario puestas en discurso recogen las notas mínimas del significado léxico (los rasgos pertinentes, en cada caso, de su núcleo sémico). Este análisis se puede aplicar quizás a la mayoría del léxico, pero en algunos casos no ha sido posible. Muchas palabras carecen de significado y sólo lo adquieren puestas en discurso, en el *ser dichas*. Ese es su estatuto semiótico. En todo caso creo que habría que hablar de grados en el significado del vocabulario de los diccionarios. Es decir, ir de la descripción -y utilizo el término ahora en sentido genérico- de aquellas palabras que se definen en metalengua de contenido hasta llegar a las que carecen de núcleo sémico, pasando por aquellas otras que se definen con el sintagma «sirven para», con algún tipo de descripción o sin él.

El siguiente diagrama pretende ser el resumen de las relaciones establecidas entre los diferentes subsistemas de la lengua del DRAE, de acuerdo con lo que acabamos de estudiar y analizar:

REFERENCIAS BIBLIOGRÁFICAS

ALBALADEJO MAYORDOMO, Tomás (1989): *Retórica*. Madrid, Síntesis.

-- y GARCÍA BERRIO, Antonio (1983): «Estructura composicional. Macroestructuras», *Estudios de Lingüística*. Alicante, Departamento de Lengua Española de la Universidad de Alicante, 127-179.

ALBERT GALERA, Josefina (1987): *Estructura funcional de los «Milagros» de Berceo*. Logroño, Instituto de Estudios Riojanos.

-- (1992): «Semiosis textual y superposición de mundo», *Signs of Humanity. L'homme et ses signes*. Berlín-Nueva York, Mouton de Gruyter, Volume I: 535-540 (Edited Michel Balat and Janice Deledalle-Rhodes).

ALVAREZQUERRA, Manuel (1991): *Diccionarios de lengua. Diccionarios españoles: contenido y aplicaciones*. Jaén, I Seminario de Lexicografía Hispánica. Facultad de Humanidades, 37-49.

ARANGUREN, José Luis (1986): *La comunicación humana*. Madrid, Tecnos.

AUSTIN, John (1971 [1962]): *Palabras y acciones. Cómo hacer cosas con palabras*. Buenos Aires, Paidós.

-- (1975): *Ensayos filosóficos*. Madrid, Revista de Occidente.

AA.VV. (1970 [1965]): *Teoría de la literatura de los formalistas rusos*. Buenos Aires, Ediciones Signos.

AA.VV. (1979): *Semiótica de la cultura* (LOTMAN, Yurij M. y la Escuela de Tartu). Madrid, Cátedra.

BALLY, Charles (1977[7] [1913]): *El lenguaje y la vida*. Buenos Aires, Losada.

BAJTIN, Mijáil (1991 [1975]): *Teoría y estética de la novela*. Madrid, Taurus.

BARTHES, Roland (1974 [1970]): *Investigaciones retóricas I. La antigua retórica*. (Ayudamemoria). Buenos Aires, Tiempo Contemporáneo.

--   (1971 [1964]): *Elementos de semiología*. Madrid, Alberto Corazón Editor.

--   (1974[3] [1964]): «Presentación», VV.AA. *La Semiología*. Buenos Aires, Tiempo Contemporáneo, 11-14.

BARTLETT, Frederic C. (1995 [1930]): *Recordar*. Madrid, Alianza Editorial.

BEAUGRANDE, Robert-Alain y DRESSLER, Wolfgang Ulrich (1997 [1972]): *Introducción a la Lingüística del Texto*. Barcelona, Ariel Lingüística.

BENVENISTE, Émile (1974[4] [1966]): «Civilización. Contribución a la historia de la palabra», *Problemas de lingüística general*. México-Madrid-Buenos Aires, Siglo XXI, 209-218.

--   (1977 [1974]): «Estructura de la lengua y estructura de la sociedad», *Problemas de lingüística general* II. México-Madrid-Buenos Aires, Siglo XXI, 95-106.

BIERWISCH, Manfred (1976 [1970]): « Sobre la clasificación de los rasgos semánticos», AA.VV.: *Semántica y sintaxis en la lingüística transformatoria/2* (Compilación de Victor Sánchez de Zavala). Madrid, Alianza Editorial, 105-139.

BOBES NAVES, Mª del Carmen (1989): *La Semiología*. Madrid, Síntesis.

-- (1973): *La Semiótica como teoría lingüística*. Madrid, Gredos.

BREKLE, Herbert E. (1974): *Sémantique*. París, Armand Colin.

BREMOND, Claude (1974 [1970]): «El rol del influenciador», AA.VV.: *Investigaciones retóricas II*, Buenos Aires, Tiempo Contemporáneo (*Comunications* nº 16), 93-108.

BÜHLER, Karl (1979 [1965]): *Teoría del lenguaje*. Madrid, Alianza Editorial.

CAMPS, Victoria (1976): *Pragmática del lenguaje y filosofía analítica*. Barcelona, Península.

CARNAP, Rudolf (1988 [1947]): *Meaning and Necessity. A study in semantics and modal logic*. Chicago, The University of Chicago Press.

CASARES, Julio (1992³): *Introducción a la lexicografía moderna*. Madrid, Consejo Superior de Investigaciones Científicas.

-- (1941): *Nuevo concepto del Diccionario de la lengua* (y otros problemas de Lexicografía y Gramática). Madrid, Espasa-Calpe.

CASSIRER, Ernst (1975³ [1944]: «El Lenguaje», *Antropología filosófica*. Madrid, Fondo de Cultura Económica, 166-205.

CLARK, Herbert (1987): «Four dimensions of language use», VERSCHUEREN, Jef y BERTUCCELLI PAPI, Marcella (Comps.): *The pragmatic perspective*. Amsterdam, John Benjamins, 9-25.

COSERIU, Eugenio (1982³ [1962]): «Determinación y entorno. Dos problemas de una lingüística del hablar», *Teoría del lenguaje y lingüística general*. Madrid, Gredos,(2ª reimp.), 282-323.

-- (1982³ [1962]): *Teoría del lenguaje y lingüística general*. Madrid, Gredos.

-- (1973² [1958]): *Sincronía, diacronía e historia*. (El problema del cambio lingüístico). Madrid, Gredos.

-- (1977): «La situación en lingüística», *El hombre y su lenguaje* (Estudios de teoría y metodología lingüística). Madrid, Gredos, 240-256.

-- (1986², reimp.): *Principios de semántica estructural*. Madrid, Gredos.

-- (1977): *El hombre y su lenguaje* (Estudios de teoría y metodología lingüística). Madrid, Gredos.

CURTIUS, Ernst Robert (1976 [1948]): *Literatura europea y Edad Media latina* (2 vols.). Madrid, Fondo de Cultura Económica.

DUBOIS, Jean (1970): *Rétorique générale*. Paris, Larousse.

ECO, Umberto (1986³ [1968]: *La estructura ausente* (Introducción a la semiótica). Barcelona, Lumen.

-- (1988 [1984]): *Sémiotique et philosophie du langage*. Paris, Preses Universitaires de France.

ERLICH, Víctor (1974 [1955]): *El formalismo ruso*. Barcelona, Seix-Barral.

GARCÍA BERRIO, Antonio (1973): *Significado actual del formalismo ruso*. (La doctrina de la Escuela del método formal ante la poética y la lingüística modernas). Barcelona, Planeta.

GARVER, Newton (1965): *Varieties of use and mention*, «Philosophy and Phenomenological Research, 26, 230-238.

GELLNER, Ernest (1962 [1959]): *Palabras y cosas*. Madrid, Tecnos.

GUIRAUD, Pierre (1976 [1955]): *La semántica*. México- Madrid- Buenos Aires, Siglo XXI.

GOFFMAN, Erving (1964): «American Anthropologist», *The neflected situation*, 66. 133-136).

GREIMAS, Algirdas Julien (1973 [1970]): *En torno al sentido. Ensayos semióticos*. Madrid, Fragua.

-- (1980 [1976]): *Semiótica y Ciencias Sociales*. Madrid, Fragua.

GRICE, H.Paul (1957):«Meaning», STRANSON, P.F. (comp.) (1971): *Philosophical Logic*. Oxford, University Press, 39-48.

HAENSCH, Günter y OTROS (1982): *La lexicografía*. (De la lingüística teórica a la lexicografía práctica). Madrid, Gredos.

HARRIS, Zelling Sabbatthei (1961): *Methods in Structural Linguistics*. Chicago, University of Chicago Press.

-- (1952): «Discourse Analysis» en *Language* nº 28. Baltimore, Journal of the Linguistic Society of America, 1-30.

-- (1962): *String Analisys of Sentence Structure*. La Haya, Mouton.

-- (1968): *Mathematical Structures of Language*. London, John Wilwy.

HARTMANN, Peter (1964): «Text, Texte, Klassen von Texten», *Bogawus*, 2, 15-25.

-- (1971): «Text als Linguidtiiches Objekt», STEMPEL, W.D. (ed.): *Beiträge zur Textlinguistik*, Munich, Fink, 9-29.

HARWERG, Roland (1968): «Textanfänge in Geschriebenerund Gesprochener Spracher». Orbis, 17, Philadelphia: Foreign Policy Research Institute, 343-388.

HJELMSLEV, Louis (1974 [1943]): *Prolegómenos a una teoría del Lenguaje*. Madrid, Gredos.

HORN, Laurence R.(1989): «Pragmatic theory», NEWMEYER, Frederick J. (ed.)(1989): *Linguistics: The Cambridge Survey* (Volume I,

Linguistic Theory: Foundations). Cambridge, Cambridge University Press, 113-145.

JAKOBSON, Roman (1981² [1960]): *Ensayo de lingüística general.* Barcelona, Caracas, México, Seix-Barral.

KRISTEVA, Julia (1978 [1969]): «El engendramiento de la fórmula», *Semiótica 2.* Madrid, Espiral/Fundamentos, 95-117.

KUHN, Sherman M. (1954): Language, XXX, Baltimore, 551. (Citado por MASSARIELLO MERZAGORA, Giovanna (19875): La lessicografia. Bologna, Zanichelli, IX).

LAKOFF, George (1974 [1969-71]): «Sobre la semántica generativa», AA.VV (1974): *Semántica y sintaxis en la lingüística transformatoria* (Compilación de Víctor Sánchez de Zavala). Madrid, Alianza Editorial, 335-443.

LEVIN, Samuel R. (1974 [1962]): *Estructuras lingüísticas en la poesía.* Madrid, Cátedra.

LEVINSON, Stephen C. (1989 [1983]): *Pragmática.* Barcelona, Teide.

LÓPEZ GARCÍA, Ángel (1985): «*Retórica y lingüística: una fundamentación lingüística del sistema retórico tradicional*», DÍEZ BORQUE, José María: *Métodos de estudio de la obra literaria.* Madrid, Taurus, 601-654.

MARCHESE, Angelo y FORRADELLAS, Joaquín (1986 [1978]): *Diccionario de retórica, crítica y terminología literaria.* Barcelona, Ariel, Colección Instrumenta.

MEAD, George Herbert (1982 [1955]): *Espíritu, persona y sociedad* (desde el punto de vista del conductismo social). Barcelona, Buenos Aires, Paidós.

MEILLET, Antoine (1948-1952): «Comment les mots changent de sens», *Linguistique historique et linguistique générale* (2 vols.). Paris, Eduard Champion, 230-271.

MOESCHLER, Jacques y REBOUL, Anne (1994): *Dictionnaire Enciclopédique de Pragmatique*. Paris, Editions du Seuil.

MORRIS, Charles (1994² [1938]): *Fundamentos de la Teoría de los Signos*. Buenos Aires-México, Paidós (Communications /14).

-- (1962 [1946]): *Signos, lenguaje y conducta*. Buenos Aires, Losada.

NIVETTE, Jos (1973 [1970]): «Los principios fundamentales de la gramática generativa», *Principios de gramática generativa*. Madrid, Fragua, 85-106.

PASCUAL, José Antonio y OLAGUÍBEL, María del Carmen (1990): «Ideología y Diccionario», *Diccionarios españoles: contenido y aplicaciones*. Jaén, Facultad de Humanidades. (I Seminario de Lexicografía Hispánica), 72-89.

PAUL, Irving H. (1959): *Studies in Remembering: The Reproduction of Connected and Extended Verbal Material*. Psychological Issues 1.

PEIRCE, Charles S. (1987): *Obra lógico semiótica*. Madrid, Taurus.

-- (1971 [1877 y 1878): *Mi alegato en favor del pragmatismo*. Buenos Aires, Aguilar Argentina.

PERALDI, François: *Prólogo*, PEIRCE, Charles S. (1987): *Obra lógico semiótica*. Madrid, Taurus, 27-36.

PETÖFI, János S. (1975): *Vers une théorie partielle du texte*. Papiere zur Textlinguistik, Helmut Buske Verlag Hamburg.

PIKE, Kenneth Lee (1967): *Language in Relation to a Unified Theory of the Structure of Human Behavior*. The Hague, Mouton.

PORZIG, Walter (1974 [1957]): *El mundo maravilloso del lenguaje*. (Problemas, métodos y resultados de la lingüística moderna). Madrid, Gredos.

POTTIER, Bernard (1983 [1976]): *Semántica y lógica*. Madrid, Gredos.

POZUELO YVANCOS, José María (1988): *Del Formalismo a la neorretórica*. Madrid, Taurus.

RAMÓN TRIVES, Estanislao (1979) : *Aspectos de semántica lingüístico-textual*. Madrid, Itsmo-ALcalá.

REARDON, Kathleen K. (1983 [1981]): *La persuasión en la comunicación* (Teoría y contexto). Barcelona - Buenos Aires, Paidós Comunicación.

REY, Alain (1980): *La lexicologie*. Paris, Éditions Klincksieck.

I1-- (1977): *La lexique: images et modèles du dictionnaire à la lexicologie*. Paris, Librairie Armand Colin.

-- (1988 [1982]): *Enciclopedias y diccionarios*. México, Fondo de Cultura Económica.

REYES, Graciela (1990): *La pragmática lingüística* (el estudio del uso del lenguaje).Barcelona, Montesinos.

RUSSEL, Bertrand (1992 [1948]): *El Conocimiento Humano*. Barcelona, Planeta-Agostini.

RYLE, Gilbert (1949): *The concept of Mind*. Londres, Hutchinson.

SALVADOR, Gregorio (1985 [1984]): «Incorporaciones léxicas en el español del siglo XVIII (1967/1973), *Semántica y lexicología del español*. Madrid, Paraninfo, 145-160.

SAPIR, Edward (1981 [1921]): *El lenguaje*. Madrid, Fondo de Cultura Económica.

SAUSSURE, Ferdinand (1976[15] [1916]: *Curso de lingüística general*. Buenos Aires, Losada.

SCHAFF, Adam (1973 [1962]): *Introducción a la Semántica*, México, Fondo de Cultura Económica.

SCHILPP, Paul Artur (eds.) (1963): *The Philosophy of Rudolf Carnap*. Illinois, La Salle.

SCHLICK, Moritz (1936): «Meaning and Verification», *Philosophical Review*, 45, Duke University Press, Cornell University. Wisconsin, EE.UU.

SCHMIDT, Siegfried J. (1977 [1973]): *Teoría del texto*. Madrid, Cátedra.

SECO, Manuel (1987): *Estudios de lexicografía*. Madrid, Paraninfo.

SEGAL, Dimitri M.(1979 [1973]): «Las investigaciones soviéticas en el campo de la semiótica en los últimos años», AA.VV. (1979): *Semiótica de la cultura* (Juriy M. Lotman y la Escuela de Tartu). Madrid, Cátedra, 225-245.

SEGRE, Cesare (1990): *Semántica filológica* (Texto y modelos culturales). Murcia, Secretariado de Publicaciones.

TODOROV, Tzvetan (1964): «Presentación», AA.VV. (1970 [1965]): *Teoría de la literatura de los formalistas rusos*. Buenos Aires, Signos, 11-20.

ULLMANN, Stephen (1972 [1962]): *Semántica. Introducción a la ciencia del significado*. Madrid, Aguilar.

VAN DIJK, Teun A. (1983 [1978]): *La ciencia del texto. Un enfoque interdisciplinario*. Barcelona-Buenos Aires, Paidós Comunicación.

-- (1972): *Some Aspects of Text Grammar*. Mouton, La Haya.

-- (1980 [1977]): «Algunas nociones de la teoría de la acción », *Texto y contexto* (Semántica y pragmática del discurso). Madrid, Cátedra.

VOLOSHINOV, Valentín N. (1976 [1930]): *El signo ideológico y la filosofía del lenguaje*. Buenos Aires, Ediciones Nueva Visión.

WEINRICH, Harald (1981 [1976]): «Sintaxis textual del artículo en francés», *Lenguaje en Textos*. Madrid, Gredos, 234-249.

WHITEHERAD, A.A. y RUSSELL, Bertrand (1910-1913): *Principia Mathematica*, 3 vol. Cambridge University Press.

WITTGENSTEIN, Ludwing (1973 [1919]): *Tractatus Logico-Philosophicus,* (edición bilingüe de Enrique Tierno Galvan). Madrid, Alianza Editorial.

-- (1988 [1953]): *Investigaciones filosóficas.* Barcelona, Crítica, Colección Clásicos.

ZABEEH, Fahrang., KLEMKE, E. D. y JAKOBSON, A (Eds.)(1974): *Readings in semantics*, Chicago-London, University of Illinois Press.